# राजेश जोशी



राजेश जोशी का जन्म 18 जुलाई, 1946 को नरसिंहगढ़, मध्य प्रदेश में हुआ। उनकी प्रकाशित कृतियाँ हैं—'समरगाथा' (लम्बी-कविता); 'एक दिन बोलेंगे पेड़', 'मिट्टी का चेहरा', 'नेपथ्य में हँसी', 'दो पंक्तियों के बीच', 'चाँद की वर्तनी', 'धूपघड़ी'—'एक दिन बोलेंगे पेड़' और 'मिट्टी का चेहरा' का संयुक्त संस्करण (कविता-संग्रह); 'गेंद निराली मीठू की' (बच्चों के लिए कविताएँ); 'सोमवार और अन्य कहानियाँ' तथा 'कपिल का पेड़' (कहानी-संग्रह); 'जादू जंगल', 'अच्छे आदमी', 'टंकारा का गाना', 'अब तक सब' (नाटक); 'हमें जवाब चाहिए' (नुक्कड़ नाटक); 'एक कवि की नोटबुक' (आलोचनात्मक टिप्पणियाँ और नोटबुक); 'पतलून पहिना बादल' (मायकोवस्की की कविताओं का अनुवाद); 'भूमि का कल्पतरू यह' (भर्तृहरि की कविताओं की अनुरचना)। कविताएँ कई भारतीय विदेशी भाषाओं में अनूदित हैं। उन्होंने त्रिलोचन के कविता-संग्रह 'ताप के ताए हुए दिन', 'नागार्जुन संचयन', शरद बिलौरे के कविता-संग्रह 'तय तो यही हुआ था' तथा नाटक 'अमरू का कुर्ता' का सम्पादन किया है।

'नया पथ' के 'निराला शताब्दी अंक' के साथ ही पाँच अंकों का सम्पादन। 'वर्तमान साहित्य' के 'कविता विशेषांक' का भी सम्पादन किया। कुछ वर्ष तक 'इसलिए' पत्रिका का प्रकाशन एवं सम्पादन।

उन्हें 'साहित्य अकादेमी पुरस्कार', 'श्रीकान्त वर्मा स्मृति सम्मान', 'पहल सम्मान', 'शमशेर सम्मान', 'मुक्तिबोध सम्मान', 'माखनलाल चतुर्वेदी पुरस्कार' और 'शिखर सम्मान' से सम्मानित किया जा चुका है।

**सम्पर्क** : 11 निराला नगर, दुष्यन्त कुमार त्यागी मार्ग, भदभदा रोड, भोपाल-462 003

# प्रतिनिधि कविताएँ

राजेश जोशी

भूमिका
सुधीर रंजन सिंह

राजकमल पेपरबैक्स

राजकमल पेपरबैक्स में
**पहला संस्करण** : 2013
**छठा संस्करण** : 2025



---

**राजकमल पेपरबैक्स** : उत्कृष्ट साहित्य के जनसुलभ संस्करण

---

राजकमल प्रकाशन प्रा.लि.
1-बी, नेताजी सुभाष मार्ग, दरियागंज
नई दिल्ली-110 002
द्वारा प्रकाशित

**शाखाएँ** : अशोक राजपथ, साइंस कॉलेज के सामने, पटना-800 006
पहली मंजिल, दरबारी बिल्डिंग, महात्मा गांधी मार्ग, प्रयागराज-211 001
1, अनमोल सोराबजी सन्तुक लेन, धोबी तलाव, मरीन लाइंस, मुम्बई-400 002

वेबसाइट : www.rajkamalprakashan.com
ई-मेल : info@rajkamalprakashan.com

बी.के. ऑफसेट
नवीन शाहदरा, दिल्ली-110 032
द्वारा मुद्रित

**मूल्य** : ₹ 199

PRATINIDHI KAVITAYEN
*Representative Poems of* Rajesh Roshi

ISBN : 978-81-267-2412-3

# कविता की संश्लेषी परम्परा

राजेश जोशी की कविताओं को पढ़ना एक पीढ़ी और उसके समय से दस-पन्द्रह साल पीछे की कविता और उससे जुड़ी बहसों के बारे में सोचना, और इतने ही साल आगे की कविता और उसकी मुश्किलों की ओर ताकना है। शायद इतना भर भी पर्याप्त नहीं है। क्योंकि राजेश ने जब कवि-कर्म आरम्भ किया और उसके तीन साल अनन्तर उनकी कविता को अलग पहचान मिली, उस समय तीन-चार पीढ़ियाँ और उससे कई गुना अधिक साहित्यिक-वैचारिक छवियाँ काव्य-परिदृश्य में उद्यत थीं। कुछ थोड़े पुराने और कुछ बिल्कुल नए कवियों के बीच, उनके थोड़ा साथ होकर और थोड़ा उनसे अलग हटकर, राजेश खड़े देखे गए। कुछ नए कवि पिछले दशक की चेतना से ही आविष्ट थे, तो कुछ राजेश की पहचान के इर्द-गिर्द थे। इनसे अलग के अधिकांश नए बिम्ब, और संवेदना वगैरह की दुनिया में अन्धी दौड़ के लिए मजबूर थे। उनमें से शायद ही कोई हिन्दी कविता में बने रहने की ताक़त दिखा सका हो। लेकिन कविता के नव-आगमन में उनकी भी भूमिका थी, इससे आज इनकार नहीं किया जाना चाहिए।

दिलचस्प रूप से राजेश जोशी की पीढ़ी की जिस आठवें दशक पर ख़ास दावेदारी मानी गई, उसमें नई कविता के अज्ञेय, नरेश मेहता, शमशेर, भवानीप्रसाद मिश्र, रघुवीर सहाय, विजयदेव नारायण साही, कुँवर नारायण, केदारनाथ सिंह, प्रगतिवाद के नागार्जुन, केदारनाथ अग्रवाल, त्रिलोचन और सातवें दशक के नई कविता-अकविता-नक्सल कविता से प्रभावित मलयज, चन्द्रकान्त देवताले, विनोद कुमार शुक्ल, आलोक धन्वा, कुमार विकल, नीलाभ, लीलाधर जगूड़ी, वेणु गोपाल, विजेन्द्र, ऋतुराज, पंकज सिंह, ज्ञानेन्द्रपति, मंगलेश डबराल, प्रयाग शुक्ल आदि ऐसे कई नाम हैं, जिनका नया या पहला संग्रह प्रकाशित हुआ था। दो-तीन साल के अन्तर पर कई कवियों के एक से अधिक संग्रह प्रकाशित हुए। अधिकांश की पर्याप्त चर्चा हुई। हिन्दी

कविता की जैसे आकाशगंगा बन गई थी। उसमें राजेश और उनकी पीढ़ी के तरुण कवि अरुण कमल, उदय प्रकाश, मनमोहन, विष्णु नागर, विजय कुमार, असद ज़ैदी अपनी जोत दिखा सके, यह एक बड़ी बात थी। आगे के दो दशकों में इनके रास्ते पर चलकर कई कवि आगे आए। उनमें से कुछ ने अपेक्षित स्वीकृति भी अर्जित की। इनके रास्ते से अलग भी कुछ अच्छे कवि आए। ये दोनों प्रकार के कवि राजेश की पीढ़ी की समकालीनता से ही नत्थी करके देखे गए।

हालाँकि कविता के इतिहास की यह कोई नई संवृत्ति नहीं है। आखिर छायावाद की भी तो बढ़त अपने-अपने ढंग से उत्तर छायावाद, प्रगतिवाद और नई कविता में देखी गई थी। नई कविता भी सत्तर के दशक के कई कवियों में विस्तार पाती रही। खुद राजेश जोशी की भी पीढ़ी प्रगतिवाद का उत्तराधिकार पाकर आई थी। यह घोषित रूप से हुआ, लेकिन उसका अघोषित पहलू है कि उसमें नई कविता की आधुनिकता का भी आग्रह रहा है। इससे अलग, उल्लेखनीय बात है कि सत्तर के दशक तक कविता अनेक आन्दोलनों के नाम से जानी गई, वह बात राजेश की पीढ़ी में आकर समाप्त हो गई। यह पूरा प्रसंग समकालीनता की जटिलता पर विचार के लिए आमंत्रित करता है।

सत्तर के दशक में कुछ ऐसी बात पैदा हो गई थी कि उसी समय के प्रचलित पद 'अकविता' से, जिसे कविता का आखिरी आन्दोलन माना गया, 'कविता का अन्त' ध्वनित होता है। 'अन्त' का दूसरा सन्दर्भ नक्सल या अतिवामपन्थी कविता है। तीसरा सन्दर्भ है नई कविता का फैला हुआ रूप, जिसके कवि कायदे से नई कविता का प्रतिनिधित्व करने में असफल थे। खुद नई कविता के कवि अज्ञेय, शमशेर आदि को 'क्लासिक्स' की कब्रगाह दिखा दी गई थी। यह पूरी स्थिति संक्रमण-सूचक थी, जो उस समय की राजनीतिक दशा के अनुसमर्थन में दिखाई पड़ रही थी। नेहरू युग की समाप्ति, चीन से पराजय के कारण अपनी निर्बलता का अहसास, कांग्रेस का अल्पमत में आ जाना, अतिवामपन्थ का उभार आदि ऐसे तथ्य हैं, जो पिछली कविताओं की दुनिया के शत्रु बनकर उपस्थित हो गए थे।

एक खटकने वाली समकालीनता जिसमें प्रगति, प्रतिबद्धता, परम्परा, आधुनिकता सभी अर्थहीनता के दायरे में आ गईं। कुछ आशा भरी आँख टिकी थी अतिवामपन्थी उभारों पर, लेकिन वे भी अपनी युग-संरचना को लाँघ पाने में नाकामयाब हुए। इसका बड़ा कारण था उस 'ऐतिहासिक गुट' का अभाव जिसमें बुद्धिजीवी वर्ग जनता से वास्तविक एकता की शक्ति विकसित करता है। यह तो बाद में भी सम्भव नहीं हुआ, लेकिन इस बात के लिए किसी के मन में दम्भ या भ्रम भी नहीं रहा।

मूल्य-विचलन का दौर! रूमानी क्रान्ति और कविता में उसका बड़बोलापन! यह सब था। लेकिन इसके साथ, जिसे देखने की शायद आगे भी ज़रूरत रहेगी, जीवन और विचार के अन्तर्विरोध, खंडित मनोदशा और तनाव, समझौतापरस्ती और आक्रामकता की सच्ची रिपोर्टिंग करने के मामले में भी उस समय के कुछ कवि बहुत आगे देखे गए। यही कारण है कि समकालीनता पर सबसे गम्भीर बहस उसी दौर में देखी गई।

सातवें दशक की सच्ची तस्वीर पेश करने के लिए यह बताना भी ज़रूरी है कि उसमें अपनी अराजकता और अतिवाद के भीतर आश्चर्यजनक प्रयोगधर्मिता थी। प्रयोगवाद वाली वह नियोजित प्रयोगधर्मिता नहीं, जो मनुष्य को अधिकाधिक कविताबद्ध करने के लिए अपने को दक्ष करती है। इसने उलटा किया। कविता के 'मैट्रिक्स' को तोड़कर उसे सन्तुलन के अभाव के समकाल से मिलाने का काम किया। तोड़फोड़ के द्वारा ज़मीन तैयार करना! भविष्य में सन्तुलित ज्यामिति तैयार हो, इस दृष्टि से उसका महत्त्व था। उसके बाद ही यानी आठवें दशक में दीर्घजीवी काव्य-युग की शुरुआत हुई। यह शुरुआत भी किसी कम कठिन-समय में नहीं हुई थी। ब्रेश्ट की कविता से कहें : *पहाड़ों के कठिन अनुभव पीछे छोड़ आए हम/सामने हैं हमारे मैदानों के कठिन अनुभव।*

देश में जब जनतंत्र के बुरे दिन शुरू हुए थे, राजेश जोशी की पीढ़ी ने लिखना शुरू किया था। आपातकाल की भट्ठी में तपकर वह अनुभवतपा हुई। जनतंत्र की पुनः बहाली हुई तो उसमें से पाँच-सात पहचाने जाने योग्य वयस्क चेहरे दिखाई पड़े। राजेश उनमें से उम्र के हिसाब से ज़्यादा वयस्क और कविता के हिसाब से ज़्यादा कमसिन लगते थे। अपने प्रथम संग्रह 'एक दिन बोलेंगे पेड़' में पेड़, बच्चे, गेंद, प्याज, घोड़ा, बाल्टी पर जो उनकी कुछ कविताएँ हैं, उसके आधार पर यही बात कही जा सकती थी। हालाँकि उस 'कमसिन मासूमियत' के भीतर गहरी परिपक्वता छुपी हुई थी, उसे समझने की ज़रूरत आज भी थोड़ा बनी हुई है। बहरहाल, यह है। इसके साथ यह भी है, जैसा कि हमने शुरू में ही कहा, पुरानी दो-तीन पीढ़ियों के कवियों ने भी अपने को नए ढंग से पुनरुत्थित किया। उसमें पुनरावृत्ति वाली बात बहुत कम थी। शमशेर, नागार्जुन, त्रिलोचन, केदारनाथ अग्रवाल, रघुवीर सहाय, सर्वेश्वर और केदारनाथ सिंह जैसे कवि, हमारी समझ से, जितना अपनी पिछली दौर की कविताओं से जाने जाएँगे, इस दौर में अपनी वापसी से भी कम नहीं जाने जाएँगे। सातवें दशक के भी कुछ कवियों में नई स्फूर्ति और ताज़गी देखी गई। अशोक वाजपेयी का दिया गया मुहावरा 'कविता की वापसी' इसी सन्दर्भ में आया है और वह

अनुचित नहीं है। लेकिन अशोक जी के साथ मुश्किल यह है कि कविता की उस वापसी के नए किरदारों का नाम लेते उनसे नहीं बनता।

बहरहाल, कविता की कई पीढ़ियाँ और नई मुखर प्रतिभाएँ एक साथ उपस्थित हुईं। लेकिन कविता की दुनिया में पुनर्जागरण! नायकत्व के युग वाले पुनर्जागरण से भिन्न है इसकी बनावट। राजेश जोशी की शब्दावली में 'हारिजेंटल एक्सिस'–एक पसरा हुआ युग! सर्व जनसाधारण से आए चरित्र, मज़दूर, किसान, विद्यार्थी, लेखक, कलाकार–कविता में जीवन–जगत् की मामूली–नामामूली सच्चाइयों का स्वांग भरते हुए! सृजन का एक ऐसा वक़्त, जहाँ समय ठहरने की इच्छा से पहुँचा हो! राजेश जोशी की 'गेंद' कविता की बड़ी गेंद की तरह, जिसे बच्चे ने हवा में उछाल दिया है, और वह एक क्षण के लिए सूरज को चुनौती देती हुई दिखाई पड़ती है। कवि पूछता है सूरज से *सूरज !/तुम्हारी उम्र/ क्या रही होगी उस वक़्त?*

सूरज से गेंद की होड़ है। इसमें रोजमर्रा और उसके नियमों को चुनौती है। बच्चे के हाथ से उछाली हुई गेंद भविष्य का संकेत है। भविष्य कोई दूसरा समय नहीं, हमारी वर्तमान की क्रियाओं में निमग्न चेतना है।

प्रसंगवश यहाँ सुधीश पचौरी की उस धारणा का उल्लेख ज़रूरी है कि राजेश जोशी और उनकी पीढ़ी की कविता में 'यूटोपिया का अन्त' है। 'आधुनिक विकासवादी' यूटोपिया का अन्त सातवें दशक के 'मोहभंग' के अन्तर्गत हुआ। नक्सल आन्दोलन ने क्रान्तिकारी यूटोपिया को जन्म दिया, जो सुधीश पचौरी के शब्दों में 'अपनी अन्तिम मंजिल पर काव्य के विरोध में जा खड़ा हुआ।' काव्य–विरोधी यूटोपिया! बात सहृदय–जन को मर्माहत करने वाली है, फिर भी उसे ससन्दर्भ मान लेने में हर्ज नहीं है। लेकिन सातवें दशक में आधुनिक विकासवादी यूटोपिया का और आठवें में क्रान्तिकारी यूटोपिया का सचमुच अन्त हो गया–यह बात बहुत कम गले उतरती है।

पहली बात तो यह है कि सातवें दशक में विकास की राजकीय समझ और धाँधलियों से रोष अवश्य पैदा हुआ था; लेकिन आधुनिक परियोजनाओं, जिसके अंग के रूप में समाजवाद भी रहा है, और जनतंत्र की ज़रूरत को एक सिरे से खारिज़ करना सम्भव नहीं हुआ था। यह आज भी सम्भव नहीं हुआ है। दूसरी बात, नक्सल आन्दोलनकर्ता रैडिकलिस्ट अवश्य थे, लेकिन यूटोपियन बहुत कम थे। समाजवादी आन्दोलनों की राजसत्ता केन्द्रित सोच और यूटोपिया–कल्पना के अभाव की परिपाटी से नक्सलवाद अलग नहीं रहा है। संसदीय प्रणाली में उत्पन्न ह्रास के कारण वह अपने आगमन–काल में अलग अवश्य

दिखा था। और इसमें भी शक नहीं कि उसने युवा प्रतिभाओं को जबर्दस्त ढंग से आकर्षित भी किया था। लेकिन इससे उनकी चेतना में निमग्न 'नैसर्गिक यूटोपिया' का आकाश कुछ धुँधला ही हुआ।

आधुनिक विकासवादी यूटोपिया के उस पक्ष पर भी हमारा ध्यान जाना चाहिए, जो भारतीय समाज की परम्परागत बनावट से जूझने में अपने को निष्फल खपाता रहा। विभिन्न समुदाय, धर्म, भाषा और जातियों में बँटा समाज। स्वाधीनता के बाद राजकीय स्तर पर यह समझ विकसित करने की चेष्टा की गई थी कि सभी प्रकार के पूर्व-उपस्थित भेद और विभाजनों पर लोकतांत्रिक और विकासोन्मुखी कार्यक्रमों से काबू पाया जा सकेगा। जाति और सम्प्रदाय से जुड़े उत्पातों ने इसे बहुत जल्दी झूठा साबित कर दिया। हिन्दी में इसे लेकर दोरुखी स्थिति दिखाई पड़ती है। साम्प्रदायिकता के विरुद्ध यहाँ अधिकांश महत्त्वपूर्ण लेखक लगभग एकमत हैं, वहीं 'जाति-विचारधारा' के मामले में अलग-अलग हैं। यह बात सुधीश पचौरी के उत्तर आधुनिक 'भेद-सिद्धान्त' के ज़्यादा अनुरूप है।

राजेश जोशी के प्रथम संग्रह 'एक दिन बोलेंगे पेड़' में दो लम्बी कविताएँ हैं 'सलीम और मैं और उनसठ का साल' नाम से। उनमें उनसठ के दंगे का आख्यान है, जब कवि तेरह-चौदह साल का रहा होगा। सलीम आठवीं जमात का उसका दोस्त। धुलेड़ी का दिन था और वह कोई शुक्रवार था, जिसकी हवा में अचानक डरावनी दुर्गन्ध फैल गई। दोनों दोस्त साथ थे। –*यह कैसी बास आ रही है?/मैंने पूछा था तुमसे/हवाओं में कबूतर मर रहे हैं–यह तुमने कहा था सलीम।*

'हवाओं में कबूतर मर रहे हैं'–एक मर्मभेदी उत्तर! एक नेपथ्य की रचना, जो मंच को चीरकर प्रकट होती है–*कितनी सारी भीड़/अचानक पैदा हो गई थी वहाँ/जैसे सड़कें फाड़कर निकल आए हों लोग/एकाएक जैसे फिर से जीवित हो उठी हों दफन सदियाँ/हवा में रोपती हुई चीखें और विलाप।*

भीड़ की दानवी नीचता। भीड़ और मनुष्य की संवेदना के विरोधाभास का इससे बड़ा उदाहरण कहाँ मिलेगा: *बच्चे मार डाले गए/फूल मार डाले गए/शब्द मार डाले गए/कि सर्राफा बच गया।*

सर्राफा बच गया। कुछ नहीं बचा। आदमी भीड़ के नरक में प्रवेश कर गया। नारकीय गन्ध बच्चों के नथुनों में अफीम के फूलों की सुगन्ध बनकर प्रवेश कर गई। तीन क्रूर सप्ताहों के गुज़र जाने के बाद वही स्कूल, वही आने-जाने के दरवाज़े, वही बेंच; लेकिन सलीम और 'मैं', अब वही नहीं थे। इस तरह,

'भावनात्मक एकात्मकता' का पाठ पढ़ाने वाले स्कूल में एक दूसरा पाठ शुरू हुआ—*हम दो लँगोटिए यार/शहर के दो विपरीत ध्रुवों की ओर चले गए/दो विपरीत अँधेरों की ओर।*

इसे देखते हुए सुधीश पचौरी की यह टिप्पणी सही प्रतीत होती है कि 'यह कविता यूटोपिया के खत्म होने के क्षण का रिकार्ड जैसी है।'

दो विपरीत अँधेरों के *'भयभीत सन्नाटे में/खिलखिलाता रहा।/एक चाकू।'* यूटोपिया खत्म।

क्या समय की भयावता को रख देने से यूटोपिया खत्म हो जाता है? क्या 'खिलखिलाता रहा/एक चाकू' लिखने का अर्थ है कि आगे भी चाकू ही खिलखिलाएगा, चेहरे नहीं खिलखिलाएँगे? सुधीश पचौरी काव्यमर्मज्ञ हैं, आनन्दवर्धन के ध्वनि-सिद्धान्त पर मुग्ध हैं। मानते हैं कि 'शब्दार्थ', 'प्रतीयमान अर्थ', 'व्यंग्य-व्यंजक', 'गम्य-गमक', 'वाचक शब्द' 'आलम्बनत्व' आदि से आलोचना को पुनः परिचय कराया जाना चाहिए। लेकिन खुद वाच्यार्थ से आगे बढ़कर मूल आलम्बन को पकड़ने की चेष्टा नहीं करते।

खिलखिलाता चाकू आलम्बन है। चाकू रूप में क्रूर समय आलम्बन है। ग्लानि, शंका, विषाद और त्रास जैसी संचारियों का अन्तर्भावन है। अप्रिय प्रसंग के द्वारा रसाभास पैदा करना-इच्छित दुनिया नेपथ्य में है। दूसरी तरह से देखें। खिलखिलाता चाकू—जैसे अभिमन्यु का हत्यारा जयद्रथ! व्यंग्यार्थ है—जयद्रथ के वध की यह बेला!

राजेश के पाँचवें और अब तक के अन्तिम संग्रह 'चाँद की वर्तनी' की पहली कविता है 'मैं झुकता हूँ'। उसकी अन्तिम पंक्ति है—'कहावतें अर्थ से ज़्यादा अभिप्राय में निवास करती हैं।' इसमें यह भी जोड़ा जा सकता है—कहावतें विडम्बना में निवास करती हैं। दोनों बातों के सहारे मैं कहना चाहता हूँ कि 'अर्थ' राजेश जोशी की कविता में 'वर्तमान' का संकेतक है, 'अभिप्राय' संकेतित भविष्य है। विडम्बना आज की कविता का सबसे बड़ा रूपक (वैसे भी रूपक में विडम्बना-तत्त्व मौजूद होता है।) है, जिसमें यूटोपिया के अन्त का अभिप्राय—खासकर राजेश की कविता में—नहीं देखा जा सकता। उसमें ताक़त की भाषा के प्रतिकार से शब्दों और क्रियाओं के नए अर्थ खुलते हैं। उसमें प्रतिरोध की संस्कृति का विकास है, और इस रूप में नए यूटोपिया की तलाश है।

राजेश जोशी के पिछले दो संग्रहों में भाषा और व्याकरण से जुड़ी पहेलियाँ मुखर हुई हैं। यह बात संग्रहों के नाम से ही प्रकट है—'दो पंक्तियों के बीच', 'चाँद की वर्तनी'। जेम्स जॉयस ने अपने एक मित्र से कभी कहा था, 'मैंने अंग्रेजी

की रूढ़ियों से विद्रोह किया है, साहित्यिक और दूसरे क्षेत्र में भी यही मेरी प्रतिभा का मुख्य स्रोत है।' हिन्दी की रूढ़ियों को तोड़ने के कवि निराला हैं, रघुवीर सहाय हैं। समकालीनों में राजेश जोशी हैं, जो रूढ़ियों को भले न तोड़ें, भाषा की पहेलियों से सफल मुठभेड़ अवश्य करते हैं।

राजेश जोशी के 'सहोदर' कवि अरुण कमल 'दो पंक्तियों के बीच' की समीक्षा करते हुए उसी से एक पद उठाकर कहते हैं कि 'यह हमारे समय का एक बिम्ब है।' समय का बिम्ब होना ठीक है; लेकिन इसमें स्वप्न का आकाश भी है। इसे भाषा की व्यूह-रचना को भेद कर ही देखा जा सकता है। 'दो पंक्तियों के बीच' में स्वयं कविता की कोई पंक्ति खुद कहती है–*कई चोर गलियाँ निकलती हैं मेरी गलियों से/जो ले जा सकती हैं/सबसे छिपाकर रखी कवि की एक अज्ञात दुनिया तक/बेहद के इस अरण्य में कुलाँचें मारती रहती हैं/कितनी ही अनजान–सी छवियाँ।*

स्वप्न का आकाश रचने की कला राजेश को लोककथाओं, स्मृतियों और शैशव-बिम्बों से मिली है। उनका पहला संग्रह 'एक दिन बोलेंगे पेड़' चर्चित ही इस विशेषता के कारण हुआ था।

यह चेतना का स्वभाव है कि वह स्मृति-स्थलियों से पैदा होती है और किसी अनूठे लोक की रचना में भिड़ जाती है। उसके इस कार्य का सर्वश्रेष्ठ माध्यम है कविता। कोई घटना, कोई दृश्य, कोई विचार स्मृतियों की राह से गुज़र कर कविता में घटित होता है। लेकिन इसका यह अर्थ नहीं कि स्मृतियाँ जीवन की पुनःरचना हैं। उनका स्वभाव है नष्ट करना, न कि बचाना। कवि का स्वभाव है स्मरण करना और भविष्य में प्रक्षेपित करना। लेकिन 'तंग वर्तमान' कुछ दुर्भाग्यपूर्ण स्वप्नों की रचना के लिए भी विवश करता है। राजेश जोशी के दूसरे संग्रह 'मिट्टी का चेहरा' में कई-कई दुःस्वप्न हैं, जिनके आधार पर सुधीश पचौरी 'यूटोपिया का अन्त' मानते हैं।

'सचमुच की रात', 'आखेट', 'मिट्टी का चेहरा', 'एक बार फिर', 'नींद'– कविता में दुःस्वप्न का सिलसिला। उसी क्रम में अगली कविता है 'उसके स्वप्न में जाने का यात्रा-वृत्तान्त'। इसी की पहले चर्चा करें।

स्वप्न की एक बड़ी उड़ान। पॉलीथिन की थैली में पूरे समुद्र को भरना, नाव को कंधे पर लाद लेना, चाँद को कमीज की जेब में और सितारों को पतलून की जेब में रख लेना और कपड़े के जूते समेत स्त्री की नींद में प्रवेश करना; फिर शुरू होती है थैली में उतरकर नौका-यात्रा। ढकते चले जाते हैं चुम्बनों से शरीर के सारे अंग। इसी बीच बादल चुरा ले जाते हैं इकट्ठी की गई सारी चीज़ों को।

यानी एकाएक स्वर्ग गायब, और धमकी मिलती है झटपट तैयार होकर ऑफिस जाने की–'निकलना खुल्द के आदम का सुनते आए थे लेकिन...'

आदम का स्वर्ग से निष्कासन अ–लगाव (एलियनेशन) को दर्शाता है। राजेश की यह कविता भी भोला–दिल आदम के स्वर्ग में विचरण और उससे निष्कासन की कथा है। भोला–दिल होना 'पूर्णत्व' का सूचक नहीं है। दुःख, ज्ञान और आत्मचेतना के द्वारा ही पूर्णत्व की दिशा में बढ़ना सम्भव है। आदम ने स्वर्ग–निकाला होने के बाद यही किया, और अधिक उत्कर्ष को प्राप्त किया। इस तरह 'अ–लगाव' का सम्बन्ध अतीत की पूर्णता से नहीं, भविष्य की पूर्णता से है। 'उसके स्वप्न में जाने का यात्रा–वृत्तान्त' में यह बात है। स्वर्ग का खजाना लुट गया, जीवन–संग्राम शुरू! उत्कर्ष की यात्रा की शुरुआत! यह जीवन–संग्राम ही है, जो किसी स्वप्निल यात्रा के लिए निःसीम अवकाश तैयार करता है।

अब दुःस्वप्नों की कविताएँ। 'सचमुच की रात'। सूरज ने स्वप्न में देखा कि वह चाँद है, चाँद ने स्वप्न में देखा कि वह करोड़ों तारे हैं; रोटी हिरन होने के स्वप्न में डूबी है; किसी चीते ने हिरन को दबोच लिया। इसके बाद रात हो गई, और किसी के पास कोई स्वप्न नहीं बचा। 'आखेट' नाम की कविता। जो आदमी शिकार न खेलने के विचार पर कायम था, वही हिरनों का शिकारी हो गया। स्वप्न लोक की चाँदनी रात हिरनों की चीत्कार से भर गई।

'सचमुच की रात' में स्वप्न ही बचा। 'आखेट' में थकान और दिन भर की रुलाई के कारण जो शिकारी नहीं था, उसके रक्त ने शिकारी पैदा किया। घोर अमानवीकरण! लेकिन क्या इसी वर्णन से यूटोपिया खत्म हो जाता है?

कविता क्या करती है? मायकोव्स्की से बेहतर शायद ही कोई समझा सकता है, "मेरे ख़याल से जब कवि कहता है, 'मैं अकेला चल पड़ा हूँ राह पर...' तो इस प्रवृत्ति का प्रचार कर रहा है कि लड़कियाँ भी कवि के साथ चलें। आख़िर अकेले होना तो ऊब पैदा करने वाली ही चीज़ है न।" राजेश की कविता–'सचमुच की रात,' जिसमें स्वप्न नहीं बचा, यह कहने में शामिल है कि सपनों को बचाओ–नए सपने पैदा करो। 'आखेट' कविता की अन्तिम पंक्ति–'हाँ देखी! वह हिरनों की चीत्कार!!' क्या इसका मतलब है आप ऐसी ही चीत्कारें देखने के लिए बचे रहें? ऐसा देखने में आपकी ही मृत्यु शामिल है। काव्यभाषा ही है यह, जो मृत्यु के विरुद्ध संघर्ष करती है, उसे अपने आवेग के द्वारा फूँक मारकर उड़ा देती है। चूँकि समाज अपराध में संलिप्तता पर आधारित है, इसलिए काव्य भाषा को ऐसा बार–बार करना पड़ता है। वह पहले दुःस्वप्न में अपराध को खींचती है, फिर उसे सजा देने के लिए निर्ममतः खड़ा करती है।

'कविता को अभिव्यक्ति के सर्वोच्च बिन्दु पर पहुँचना चाहिए' (मायकोव्स्की)। 'उस बिन्दु पर', जैसा कि जूलिया क्रिस्तीवा लिखती हैं, 'संकेत लयात्मक और संरचना और उसके रूपों के प्रति ग्रहणशील हो जाता है, और वर्तमान अर्थ, अन्य अर्थ के विरुद्ध होता है, पर उसमें भविष्य और असम्भव अर्थ का साक्षात्कार होता है।' यह सही है कि इस अर्थ में उसमें यूटोपिया की मृत्यु का भी साक्षात्कार हो सकता है। यह बात मायकोव्स्की के यहाँ थोड़ी-बहुत है। वह एक अलग सन्दर्भ है। राजेश जोशी मायकोव्स्की से प्रभावित कवि हैं; लेकिन उनके यहाँ यह बात नहीं है। उनके यहाँ तो 'न्यूट्रॉन बम' गिरने के बाद भी 'एक बार फिर' जीवन की खूबसूरती और स्वाद है : चटनी से आ रही होगी/कैरी और ताजे पुदीने की गन्ध/बेचैन कर देगी जो/आदमी की भूख को/एक बार फिर।

यही 'गन्ध' जीवन में रस पैदा करती है और क्रूरता को नष्ट करने में निःशब्द सक्रिय रहती है।

'मिट्टी का चेहरा' में पिछले संग्रह की बहुत-सी विशेषताएँ मौजूद हैं—पेड़, तितलियाँ, पकता हुआ शहद...। लेकिन हवा में ऑक्सीजन की कमी हो गई है। भोपाल गैस त्रासदी को याद करें तो यह कमी ऐतिहासिक है। इसलिए करुणा अथवा 'दु:खभारावनता' के लिए स्थान बढ़ गया है तो वह भी ऐतिहासिक है। मैंने कभी पहले संग्रह को आधार बनाकर टिप्पणी की थी कि अकविता और नक्सल आन्दोलन की कविता में जो तोड़-फोड़ और बारूदी धमाका था, उसके बाद राजेश जोशी की कविताएँ स्वच्छ ऑक्सीजन की तरह लगीं। जहाँ तक ऑक्सीजन का प्रसार-क्षेत्र है, उसके भीतर की गति और जीवन और अभिव्यक्ति की कविताएँ दिखाई पड़ीं 'एक दिन बोलेंगे पेड़' में। ऑक्सीजन के प्रसार-क्षेत्र के कवि और भोपालवासी राजेश गैस कांड पर सफल शोकगीत नहीं लिखते और उस दौर की उनकी अन्य कविताओं में दु:खभारावनता नहीं दिखाई पड़ती, तो हमें आश्चर्य ज़रूर होता।

अवसरवश यहाँ यह उल्लेख आवश्यक है कि राजेश जोशी ने अकविता और नक्सल कविता से अलग सन्दर्भ चुना, अलग भाषा गढ़ी, लेकिन उनके तेवर को नाजायज़ भी नहीं ठहराया। 'एक दिन बोलेंगे पेड़' में एक बारूदी रंग वाली चिड़िया है। वह उड़ना सीख गई है। यह बात पर्याप्त नहीं है। उसमें समझ भी होनी चाहिए। जो पिंजरा लाता है, जो जाल बिछाता है, उस पर उसकी नज़र भी होनी चाहिए। और यह भी कि—*बारूद के रंग वाली चिड़िया/बारूद का स्वभाव भी सीख/उड़ना-गाना/तो ठीक/लेकिन/ताव खाना भी सीख*। (देख चिड़िया)

चौथे संग्रह 'दो पंक्तियों के बीच' में एक कविता है 'ऐसा होता तो नहीं'। एक ऐसा समय आया है जिसमें चील पर साँप, शेर पर खरगोश हावी है। आँखवाले अन्धों के करिश्मे में फँस रहे हैं। उल्टी घूम रही हैं घड़ी की सुइयाँ। अन्त में है–'देश अपनी अस्मिता खो रहा है'। इसे धूमिल की 'पटकथा' की अन्तिम पंक्ति से मिलाकर पढ़ने की ज़रूरत है–'*...सारा का सारा देश/पहले की तरह आज भी/मेरा कारागार है।*'

इसलिए आज कुछ लोगों के द्वारा यह कहा जाना कि अमुक कवि की परम्परा यह है और अमुक कवि की वह, सही प्रतीत नहीं होता। राजेश जोशी केदारनाथ अग्रवाल, त्रिलोचन और केदारनाथ सिंह की परम्परा के कवि हैं तो यत्किंचित रघुवीर सहाय, धूमिल और आलोकधन्वा की परम्परा के भी कवि हैं। कविता की एक संश्लेषी परम्परा रही है, जिसके भीतर राजेश की सक्रियता देखी जा सकती है। इसी बात ने उन्हें खास पहचान दी और समकालीन कविता को भी। केदारनाथ सिंह का यह कथन बिल्कुल दुरुस्त है कि 'राजेश जोशी आज की कविता के उन थोड़े से महत्त्वपूर्ण हस्ताक्षरों में हैं, जिनसे समकालीन कविता की पहचान बनी है।'

राजेश जोशी पैंतीस वर्षों में फैले अपने काव्य-कर्म के अन्तर्गत हमेशा समकालीन इसलिए रहे कि उन्होंने इस दौर में ऐतिहासिक कंडीशन को समझने का प्रयास किया और आगे बढ़कर उसका रचनात्मक लाभ उठाया। इससे एक सामान्य निष्कर्ष की पुष्टि होती है कि अच्छी कविताएँ ही लिखना पर्याप्त नहीं है, कविता में अपने समय की समझ भी ज़रूरी है। और मुझे नहीं लगता कि यह समझ राजेश ने सचेत रूप से अर्जित की है, जिसके आरोप से कवि को अपने समय का चालाक आदमी बताया जा सके।

यों भी कविता में राजनीति चल सकती है, चालाकी नहीं। हिन्दी में उसी सातवें-आठवें दशक में वैसी प्रतिभाएँ देखी गईं, जो एक ओर कविता में राजनीति का समर्थन करती थीं, और दूसरी ओर कविता से विचार के बहिष्कार के लिए दलीलें पेश करती थीं। यह इसलिए नहीं कि कविता को विचार या विचारधारा का गोदाम बनाना अनुचित है; यह इसलिए कि उसे सत्ता की राजनीति के अनुकूल रखा जा सके। कहने की आवश्यकता नहीं कि हमारे समय में राजनीति और उससे जुड़ी अपेक्षा को 'पावर' के समर्थन तक सीमित कर दिया गया है। सृजना के दायरे में भी इस प्रवृत्ति ने भरपूर दखल देने की चेष्टा की। इस तरह कविता भी मीडिया, जन सम्पर्क और विज्ञापनों के समकक्ष आ खड़ी हुई। 'यूटोपिया का अन्त' अगर कहीं है तो इसी प्रवृत्ति में है। रघुवीर सहाय के

बाद राजेश जोशी उन थोड़े से कवियों में से हैं, जिनमें इस घातक प्रवृत्ति की समझ और इससे संघर्ष की कला देखी जा सकती है।

राजेश जोशी की कविता में अपने समय की समझ है। यह बात कवि के स्वभाव में जो थोड़ी–सी आवारगी रही है, उससे पैदा हुई है। अपने शहर की गलियों में मटरगश्ती करके अर्जित की गई संवेदना और जो कुछ मूल्यवान है उसे बचाने के विचार भी कविता जैसी विधा में बड़े 'ब्रेक–थ्रू' का कारण बन सकते हैं। इसी से जुड़ी बात है कि कविता के आकाश में सफलतापूर्वक वही उड़ान भर सकता है, जिसके यहाँ स्थानिकता भी मौजूद हो। राजेश ने यह काम करके दिखाया है। शहर के गली–कूचों का चक्कर लगाता हुआ कवि आसमानी चाँद–तारों का विधान खोजने लगता है और उन्हें अपनी दृढ़ कवि–इच्छा से मानव–निर्मितियों में उतार लेता है— *चीज़ों का हूबहू दिखना अपनी ही शक़्ल में/कविता में मुझे पसन्द नहीं बिल्कुल/मैं चाहता हूँ मेरा फटा–पुराना जूता भी दिखे वहाँ/पूर्णिमा के पूरे चाँद की तरह* (प्रजापति : नेपथ्य में हँसी)

जो चीज़ें वास्तविक शक़्ल में हैं उन्हें बदलने, जो चीज़ें दृश्य–जगत में नहीं आ पाई हैं, उन्हें रचने, जो चीज़ें आपस में एक–सी हैं, उनसे परेशान होने, और अस्त–व्यस्त चीज़ों की महिमा बताने में राजेश की कविता ख़ास दिलचस्पी दिखाती है। 'दो पंक्तियों के बीच' और 'चाँद की वर्तनी' में तो इसके लिए वे सैद्धान्तिक प्रस्थापनाएँ भी गढ़ने से नहीं चूकते।

'दो पंक्तियों के बीच' कविता को देखिए। शब्द में कवि के ब्रह्मांड का एक तिहाई ही प्रकट होता है। दो तिहाई अज्ञात दुनिया भाषा से जो जगह खाली बची है, उसमें छुपी है। इस दुनिया में प्रवेश के बगैर कविता अधूरी है—अधूरी की भी अधूरी। वस्तुतः स्वयं शब्द अथवा भाषा की बनावट में दो दुनिया होती हैं। दो तिहाई छुपी हुई, एक तिहाई प्रकट। छुपी हुई दुनिया दो पंक्तियों के बीच जाकर अटक जाती है। यह काम भी शब्द ही करते हैं अपनी प्रतिध्वनियों के द्वारा। बहरहाल, राजेश कविता को जहाँ जाकर छोड़ते हैं, दो दुनिया का भेद वहाँ मिट जाता है, कविता की खूबसूरती इसी बात में है : *यहाँ आने से पहले जूते बाहर उतार कर आना/कि तुम्हारे पैरों की कोई आवाज़ न हो/एक ज़रा सी बाहरी आवाज़ नष्ट कर देगी/मेरे पूरे जादुई तिलिस्म को!*

कविता जादू है—जो आवाज़ उठाती है, हस्तक्षेप करती है; लेकिन बाहरी आवाज़ बर्दाश्त नहीं करती है। बाहरी आवाज़ों के आवरण से लिपटी इस सभ्यता का उच्छेदन आज कवि–कर्म का मुख्य दायित्व है।

जादू सभ्यता के बचपन की भाषा, धर्म और विज्ञान है, जो वास्तविकता को नियंत्रण में लाने और बदलने का उपक्रम करता है। हमारे बचपन का साथ जादू से बना हुआ है। शैशव-स्वप्न में बदलाव की गम्भीर आकांक्षा होती है। यह आकस्मिक नहीं है कि राजेश जोशी के प्रत्येक संग्रह में बच्चों पर कविताएँ हैं। उनका गहरा सम्बन्ध क्रूर वास्तविकता को बदलने के उपक्रम से है।

कभी हजारीप्रसाद द्विवेदी ने सोहनलाल द्विवेदी की 'दूध-बताशा' नामक कविता की पुस्तक की समीक्षा करते हुए वर्तमान हिन्दी कविता की उस दशा का उल्लेख किया था जिसमें बच्चे, भाई-बहन और माँ-बाप छोड़कर सभी विषय रहे हैं। द्विवेदी जी की इस शिकायत को दूर करने की सबल चेष्टा राजेश जोशी की कविता में दिखाई पड़ती है।

'बच्चे काम पर जा रहे हैं' राजेश जोशी की सर्वाधिक चर्चित कविताओं में से एक है।

*बच्चे काम पर जा रहे हैं*
*हमारे समय की सबसे भयानक पंक्ति है यह*
*भयानक है इसे विवरण की तरह लिखा जाना*
*लिखा जाना चाहिए इसे सवाल की तरह*

सवाल सिर्फ़ यह नहीं कि बच्चे काम पर जा रहे हैं। स्कूल जाते बच्चे भी बस्तों के बोझ से लद-फद कर जा रहे हैं, वह भी भयानक है। बच्चों को जादुई दुनिया से खींचकर स्वप्नहीन बनाने का काम किया जा रहा है, कवि का सवाल मुख्यतः इस बात से जुड़ा है। इसी सवाल से जुड़ी कविता है 'हमारे समय के बच्चे'। इस कविता के बच्चे काम पर नहीं जा रहे हैं। वे आधुनिक तकनीकों के सारे रहस्य जानते हैं। यह भी स्वप्नहीनता से जुड़ा उपक्रम है। राजेश यथार्थ की इस समझ के कवि हैं।

राजेश जोशी की 'समझ' से समकालीन कविता और उसकी नई पीढ़ी अभिन्न है। नई पीढ़ी के जो कवि मेरी इस समझ से इत्तफ़ाक नहीं रखते, राजेश शायद उनके साथ भी खड़े मिल सकते हैं। क्योंकि जब वे 'चाँद' शब्द को लिखकर उसे दो बार लिखना और दो बार पढ़ना मान सकते हैं (देखें, कविता 'चाँद की वर्तनी'), तो इत्तफ़ाक़ नहीं रखने वालों के साथ खड़े होने का हुनर भी गढ़ सकते हैं। कविता की एक संश्लेषी परम्परा, जो पीछे ही नहीं आगे भी जाती है। इसमें प्रतिरोध और प्रतिबद्धता है तो पर्याप्त लोच भी है।

**—सुधीर रंजन सिंह**

# अनुक्रम

## बिल्लियाँ

मन के एक टुकड़े से चाँद बनाया गया
और दूसरे से बिल्लियाँ

मन की ही तरह उनके भी हिस्से में आया भटकना
अव्वल तो वो पालतू बनती नहीं और बन जाएँ
तो भरोसे के लायक नहीं होतीं
उनके पाँव की आवाज़ नहीं होती
हरी चालाकी से बनाई गईं उनकी आँखें
अँधेरे में चमकती हैं
चाँद के भ्रम में वो भगौनी में रखा दूध पी जाती हैं

मन के एक हिस्से से चाँद बनाया गया
और दूसरे से बिल्लियाँ
चाँद के हिस्से में अमरता आई
और बिल्लियों के हिस्से में मृत्यु
इसलिए चाँद से गप्प लड़ाते कवि का
उन्होंने अक्सर रास्ता काटा
इस तरह कविता में संशय का जन्म हुआ

वो अपने सद्यजात बच्चे को अपने दाँतों के बीच
इतने हौले से पकड़ कर एक जगह से
दूसरी जगह ले जाती हैं
कवि को जैसे भाषा को बरतने का सूत्र
समझा रही हों।

*17.3.07*

## गेंद

एक बच्चा
करीब सात-आठ के लगभग

अपनी छोटी-छोटी हथेलियों में
गोल-गोल घुमाता
एक बड़ी गेंद

इधर ही चला आ रहा है
और लो...
उसने गेंद को
हवा में उछाल दिया!

सूरज!
तुम्हारी उम्र
क्या रही होगी उस वक़्त?

## बिजली सुधारने वाले

अक्सर झड़ी के दिनों में
जब सन्नाट पड़ती है बौछाट
और अन्धड़ चलते हैं
आपस में गुत्थम-गुत्था हो जाते हैं
        कई तार

या
बिजली के खम्बे पर
कोई नंगा तार
पानी में भीगता
चिंगारियों में चटकता है।
एक फूल आग का
बड़े तार-सा
        झरता है

अचानक
उमड़ आई
अँधेरे की नदी में।

मोहल्ले के मोहल्ले
घुप्प अँधेरे में
डूब जाते हैं

वे आते हैं
बिजली सुधारने वाले।

पानी से तर-बतर टोप लगाए
पुरानी बरसातियों की दरारों
और कॉलर से रिसता पानी
अन्दर तक
भिगो चुका
होता है उन्हें।
भीगते भागते
वे आते हैं
अँधेरे की दीवार को
अपनी छोटी-सी टार्च से
छेदते हुए।

वे आते हैं
हाथों में
रबर के दस्ताने चढ़ाए
साइकल पर लटकाए
एल्युमीनियम की फोल्डिंग नसेनी
लकड़ी की लम्बी छड़
और एक पुराने झोले में
तार, पेंचकस, टेस्टर

और जाने क्या-क्या
भरे हुए।

वे आते हैं
खम्बे पर टिकाते हैं
अपनी नसेनी को लम्बा करते हुए
और चीनी मिट्टी के कानों को उमेठते
एक-एक करके खींचते हैं
देखते हैं
परखते हैं
फिर कस देते हैं किसी में
एक पतला-सा तार।

एक बार फिर
जग-मग हो जाती है
हर घर की आँख।

वे अपनी नसेनी उतारकर
बढ़ जाते हैं
अगले मोहल्ले की तरफ़
अगले अँधेरे की ओर

अपनी सूची में दर्ज
शिकायतों पर
निशान लगाते हुए।

## देख चिड़िया

चिड़िया
ज्यादा इतरा मत
दिमाग मत चढ़ा आसमान पर
कि तू चाहे तो छुट्टी रह सकती है
हर वक़्त।

कि तूने तो पंख पा लिए हैं
कि तू तो उड़ना सीख गई है।

देख चिड़िया
आजू-बाजू देख
ऊपर-नीचे देख
बाज़ार से आते
उस हाथ को देख
जो पिंजरा लाता है।
देख उस हाथ को गौर से
जो चावल के उजले दानों के नीचे
जाल बिछाता है।

देख चिड़िया
उस हाथ को देख
जो दिखते-दिखते अचानक
सलाखों में बदल जाता है।
इन सबसे निबटने को
काफी नहीं है
पंख होना
या सीख लेना उड़ना।

बारूद के रंग वाली चिड़िया
बारूद का सुभाव भी सीख
उड़ना-गाना
तो ठीक
लेकिन
ताव खाना भी सीख।

## उन्होंने रंग उठाए

उन्होंने रंग उठाए
और आदमी को मार डाला

उन्होंने संगीत उठाया
और आदमी को मार डाला।
उन्होंने शब्द उठाए
और आदमी को मार डाला।

हत्या का
एकदम नया नुस्खा
तलाश किया उन्होंने
उन्होंने
आदमी के गुस्सैल चेहरे
और चाकू को
चमकदार
रंगीन दीवारों और रोशनियों के बीच
बेहद सूझ-बूझ
और सलीके से
सजा दिया
और लड़ाई को कुचल दिया

और आदमी को मार डाला।

## एक आदिवासी लड़की की इच्छा

लड़की की इच्छा है
छोटी-सी इच्छा
हाट इमलिया जाने की।

सौदा-सूत कुछ नहीं लेना
तनिक-सी इच्छा है—काजर की
बिन्दिया की।

सौदा-सूत कुछ नहीं लेना
तनिक-सी इच्छा है—तोड़े की
बिछिया की।

लड़की की इच्छा है
छोटी-सी इच्छा
हाट इमलिया जाने की।

सौदा-सूत कुछ नहीं लेना
तनिक-सी इच्छा है–सुग्गे की
फुग्गे की।
फुग्गा उड़ने वाला हो
सुग्गा खूब बातूनी हो।

लड़की की इच्छा है
छोटी-सी। *(एक बुन्देलखंडी लोकगीत सुनकर)*

## सलीम और मैं और उनसठ का साल-1

हम दोस्त थे पक्के
यार-दोस्तों में बैलों की जोड़ी कहा जाता था हमें।
साथ-साथ हम स्कूल जाते थे, साथ-साथ आते थे।
सलीम मेरे घर से एक सड़क पार
'शेखबत्ती की गली' में रहता था।

वह रात में अक्सर मेरे साथ पढ़ने के लिए आता था
उसकी गणित अच्छी थी और मैं
उसे हिन्दी के कठिन शब्दों का अर्थ
बतलाता था।
उमर में वह बड़ा था करीब तीन साल, पढ़ाई उसने देर से शुरू की थी
उसके लिए कलमा पढ़ना ज़रूरी था और वह काफी दिनों तक
एक मौलवी से क़ुरान पढ़ने जाता था
मदरसे में उसने दाखिला लिया था
करीब सात-आठ साल की उम्र में।

तकरीबन नियमित था उसका आना-जाना हमारे घर में

हमारे घर की चाय में उसके तश्तरी–प्याले अलग थे
और पानी के लिए
        एक काँच का गिलास भी।

❑

यह उनसठ की धुलैड़ी के आस–पास की बात है
मैं भूला नहीं हूँ, वह मार्च के पहले सप्ताह का शुक्रवार था
एक अपरिचित लेकिन डरावनी दुर्गन्ध अचानक फैल गई थी
        हवाओं में।
—यह कैसी बास आ रही है?
        मैंने पूछा था तुमसे।
—हवाओं में कबूतर मर रहे हैं।
        यह तुमने कहा था सलीम।

अभी 'टोल वाली मस्जिद' के पास पहुँचे ही थे हम
कि शुरू हो गई थी
        पत्थरों की बरसात।
चारों ओर की गलियों से निकले थे चाकू और डंडे
दौड़ते हुए चौराहे की ओर।
कितनी सारी भीड़
अचानक पैदा हो गई थी वहाँ
जैसे सड़कें फाड़कर निकल आए हों लोग
एकाएक जैसे फिर से जीवित हो उठी हों दफ़्न सदियाँ
हवा में रोपती हुई चीखें और विलाप

भागे थे हम बेतहाशा
लुटती दुकानों, फूटती बोतलों, बरसते पत्थरों
        और तेजाब के छींटों से बचते हुए,
लाँघते हुए खून के रेलों और चीखों को चीरते हुए
घास की गाँजियों से उठती लपटों के बाजू वाली
        सँकरी–सी गली से निकलते हुए
बेसुध भागे थे अपन।

अपन आठवीं जमात में पढ़ते थे
उनसठ के साल में।
भागते हुए उस डर में कितने साथ-साथ थे अपन
अपने-अपने घरों की ओर मुड़ने तक।

❐

शहर ने पहन लिया था रबर का चेहरा
और सड़कों को साँप सूँघ गया था
सारी दूर मँडराती रहती थी
पुलिस की गाड़ियों की आवाज़
और अपने आपमें सिमटकर बैठ गए थे सारे मकान
मानो वे मकबरे हों।

पंख कटी हवाएँ आती थीं और बाँट जाती थीं
कुछ नई-नई खबरें।

घड़ियों की दुकान लुट गई
खिलौनों की दुकान लुट गई
कि सब्जीमंडी
कि फूल बाज़ार लुट गया।

कि लुटते-लुटते बचा लिया गया सर्राफा

वहाँ 'इतने' कत्ल हुए
वहाँ 'इतनी' अस्मतें लुटीं
कि उस मोहल्ले के सारे मकान जला दिए गए
कि राख हो गया 'अलवी प्रेस'

बच्चे मार डाले गए
फूल मार डाले गए
शब्द मार डाले गए
कि सर्राफा बच गया।

'छगनलाल सेठ' के मकान पर खरोंच भी नहीं आई

'फखरू भाई' का पेट्रोल पम्प नहीं जला
कि 'मोचीपुरे' की पूरी पट्टी साफ़ हो गई।

हम एक दिन भी नहीं निकले घरों से।
आँसुओं और आँसू-गैस से भरी हवा में
        उस डरी-डरी हवा में
क्या हमने एक-दूसरे के बारे में सोचा था?

❑

तीन लम्बे और क्रूर सप्ताह गुजर गए हमारे दिलों में
        अँधेरे के पेड़ और मरी हुई चिड़ियाँ छोड़कर
हमारी आत्मा में अपने गन्दे नाखून और टूटे हुए दाँत छोड़कर,
अपने दुर्गन्ध मारते जूते और कपड़े उतारकर,
        तीन क्रूर सप्ताह गुजर गए।

तीन सप्ताह बाद अक्षरों ने फिर से खोलीं अपनी आँखें भयभीत
मदरसे के दरवाजे खुले, किताबें खुलीं
'हवामहल' की पुरानी इमारत में लगने वाला
'बिरजीसिया मिडिल स्कूल' खुला
जिसकी एक लम्बी दालान में थी आठवीं क्लास
        हमारी कक्षा।

लकड़ी की वह लम्बी बेंच
जैसे हमारी प्रतीक्षा में खड़ी थी चुपचाप।
बचपन से ही टाट-पट्टी पर साथ-साथ बैठते आए हम
        वहाँ भी साथ-साथ बैठते थे।
कोई खरोंच नहीं थी ज्यों-की-त्यों थी वह बेंच
जिससे तुम्हें चीड़ के पेड़ों की गन्ध आती थी और
जिसके बारे में बतियाते हुए हम
        एक बूढ़े बढ़ई के किस्सों में खो जाते थे।

हम एक ही दरवाजे से आए थे अन्दर तकरीबन साथ-साथ
उसी बेंच पर बैठे थे लेकिन साथ-साथ नहीं

तुम एक छोर पर थे रशीद और इदरीस के साथ, और मैं था
दूसरे छोर पर फुलवानी के साथ।
इस तरह शुरू हुआ था एक नया दिन
इस तरह शुरू हुए थे नए दिन।

कहाँ थी वह चीड़ के पेड़ों की गन्ध
कहाँ था वह बूढ़े बढ़ई का किस्सा
हमारी आँखों में वह क्या था—सलीम
हमारे चेहरों पर वह क्या था—सलीम
वह सन की सुतलियों-सा बटा हुआ
वह डर जैसा
घृणा जैसा
वह क्या था?

क्या वह एक मरा हुआ कबूतर था
या अँधेरा चेहरा था हमारे घरों का
या सर्राफा बाज़ार था
जो चारों ओर लगी आग में भी बचा लिया गया
वह क्या था
दरवाजे जहाँ बन्द हो गए थे

क्या केवल तीन सप्ताह में बदल गए थे हमारे चेहरे
आईना तो कुछ भी नहीं बताता
उस लाल पीठ वाले जानवर की पारे-सी आँखों में
नज़र नहीं आता कुछ भी
वह हमारे चेहरों के सामने आते ही
मर जाता है।

## सलीम और मैं और उनसठ का साल-2

सूरत-शकल से डरावना नहीं था वह
आँखें हरी नहीं थीं, न ही वह रीछ की खाल ओढ़कर
आया था।

अँधेरे का चेहरा लगाए
लोहे के जूते पहने, चमड़े के दस्ताने चढ़ाए
कोड़ा लपलपाता हुआ
किसी डरावने स्वप्न की तरह
ऐसा कुछ भी नहीं था।

मेरा डर मेरे ही कपड़े पहने था
मेरी खाल के जूतों में, वह मेरी ही तरह हँसता-बोलता था
मेरे अन्दर।

मेरे अन्दर
वह अँधेरे की तरह था
अँधेरे के एक पेड़ की तरह!

❑

अँधेरे का एक पेड़ था काला शाँ
बचपन में मुझे सिखाया गया
यही तुम्हारा 'टोटम' है
मैंने मान लिया, खुशी-खुशी आँखें
उसे सौंप दीं।

कुछ दिनों बाद
मेरी आँखों में बोए गए अफ़ीम के बीज
कुछ दिनों बाद वे अँकुराए
कुछ दिनों बाद निकलीं पत्तियाँ
कुछ दिनों बाद उनमें फूल आए
फल आए, डोडे पके।
माँ ने कहा वे ईश्वर की उँगलियाँ हैं
पिता ने कहा वह ईश्वर की मुस्कुराहट है
बिरादरी वालों ने कहा वह ईश्वर की गन्ध है
उसमें एक अदृश्य ईश्वर वास करता है।

जिसने जैसा-जैसा कहा
मैंने वैसा-वैसा मान लिया

और मैं भी रम गया उसकी खुशबू में
उसके फूलों में, फलों में और
        उसके अँधेरे में।

अँधेरे के तलवों के नीचे सैकड़ों खेत थे और वह
उसका मालिक था
तिजोरियों के दरवाजे उसकी आँत में खुलते थे
और वह अपने दाँत और नाखून
        अपनी जेब में छिपाकर रखता था,
आकर्षक और बेहद आश्चर्यजनक किस्सों का
        पिटारा था उसके पास
अनगिनत अचम्भों से भरी दुनिया थी उसकी।

किसी के पास वह सिर्फ़ रेज़गारी था
किसी के पास पगार की तरह था
किसी के पास धन्धा था, ब्याज था
वह एक मकान की तरह था
एक ज़मीन की तरह

ज़मीन से जात होते हुए, धर्म होते हुए, धर्म से...

धर्म से उनसठ का साल हो गया!

उनसठ के साल मैंने देखा उसे एक चाकू की तरह
ज़हर बुझे नीले चाकू की तरह वह तना हुआ था
शहर की हवा में बीचोबीच
देखते-देखते
शहर को काट डाला उसने दो हिस्सो में तरबूज की तरह।

दोनों ही हिस्से गीले और लाल
एकदम एक-से, काले बीज दोनों तरफ़ थे
वे दोनों पानी के जाए
पानी-से भोले और मूर्ख

पानी-से हठी
पानी-से गुस्सैल
पानी-से ही अन्धे लड़ाके थे।

किसी ने नहीं देखी उसकी असली शक़्ल
उसकी नीली ज़हर भरी आँत
उसकी पीठ पर का रीछ-भर अँधेरा
उसकी असली आवाज़ नहीं सुनी किसी ने गौर से।

अँधेरे के पेड़ का
अफ़ीम के फूल का
गिलट के सिक्कों का
महाजनी कारोबार का वह जादू
        चल गया
        चल गया
दीठ बाँध सबकी दिखा गया अपना करतब
        वह चाकू

❐

वह चाकू
खतरनाक नीला
        अन्धा बना डालने वाले साँप-सा
चमकता था आधी रात गए नींद में
और चमकते-चमकते बदल जाता था
        सलीम की शक़्ल में
सलीम ने कहा था
रात गए उसकी नींद में चमकता है
        एक चाकू
क्या वह मेरी शक़्ल में बदल जाता था?
क्या वह मेरी तरह नज़र आता था?

ज़रूर ही बदल जाता होगा
लेकिन सलीम ने नहीं बताया, वह छुपा गया यह बात

मैं भी छुपा गया था यह बात
        सलीम से।

हम दोनों ने छुपाया था अपना डर अपनी घृणा
अपने-अपने अँधेरे के पेड़
        एक-दूसरे से
लेकिन दंगाग्रस्त शहर की कटी-पिटी हवाओं
और जली-अधजली गलियों से निकलते हुए
हम दो लँगोटिए यार
शहर के दो विपरीत ध्रुवों की ओर चले गए
        दो विपरीत अँधेरों की ओर।

निजी मुद्रा के मायालोक से उपजा अँधेरा
शहर की छाती पर लेटे हुए अपना जूता
        बजाता रहा
        विजयी योद्धा की तरह।

भयभीत सन्नाटे में
खिलखिलाता रहा।
        एक चाकू।

## जादू है कविता

जादू है
जादू है
जादू है  कविता

जो है
जो जैसा है
तुरत-फुरत
पलक झपकते
सब कुछ की शक़्ल

बदल डालने की ललक
    जादू।

जादू
खाली टेकरी से
निकलता है
    कबूतर
गुटर गुँऽऽ करता

भरता है
लम्बी-लम्बी
    उड़ान।

## नींद

तकिए में
कपास का एक पेड़

कपास के फूल पर
चिड़िया नहीं आती

नींद
किस चिड़िया का नाम है!

## धूप घड़ी की परछाईं में

अपने छोटे-छोटे जूते बजाता
चारों ओर    आ रहा है
    जा रहा है
    समय।
दर्जनों घड़ियों के बीच
मैं खड़ा हूँ
घड़ियों की एक दुकान में।

अचानक देखता हूँ चारों ओर
रुकी हुई हैं कई घड़ियाँ काफी देर से
    जहाँ की तहाँ।

सभी घड़ियों में है
अलग-अलग समय
एक-दूसरे से एकदम अलहदा

क्या गलत चल रही हैं ये सारी घड़ियाँ
किस देश का समय हो रहा है इनमें
धरती के किस हिस्से का?

किस घड़ी में है
किस देश का वक़्त?
सोचता हुआ खड़ा हूँ
मैं दर्जनों घड़ियों के बीच।

एक काली घड़ी है
जिसका पेंडुलम तेजी से हिल रहा है।
एक चमकदार सुनहरी घड़ी है
जिसके सीने में डोल रहा है एक जहाज
बगल में है एक सुर्ख घड़ी
जिसमें खिड़की खोलकर
एक चिड़िया चहचहाती है
और सारी हवा
    उसकी अटपटी आवाज़ से
    भर जाती है।

पूर्व की ओर दरवाजा है
दरवाजे के बीचोबीच
    खड़ी धूप घड़ी की परछाईं में
    अभी दोपहर है।

धरती के किसी हिस्से में सुबह हो रही होगी
धरती के किसी हिस्से में रात घिर रही होगी
धरती के किसी हिस्से में बरस रहा होगा पानी
यात्रा के लिए उड़ी होंगी चिड़ियाँ
धरती के किसी हिस्से से।

चिलचिलाती धूप है धरती के इस हिस्से में।

सामने दीवार पर टँगी घड़ी के डायल पर
दुनिया का रंग-बिरंगा नक़्शा है
नक़्शे पर      सूर्य किरण-सी पतली
        एक तीसरी सुई
चक्कर काट रही है लगातार
और समय
        सरक रहा है।

समय बदल रहा है प्रतिपल।

चारों ओर घड़ियाँ हैं
टिक-टिक करती धड़क रही हैं
        कारीगर की उँगलियाँ
        लगातार।

अगले और...
अगले सबेरे में प्रवेश करता
समय सरक रहा है
समय सरक रहा है
प्रति पल।

## मैं उड़ जाऊँगा

सबको चकमा देकर एक रात
मैं किसी स्वप्न की पीठ पर बैठकर उड़ जाऊँगा

हैरत में डाल दूँगा सारी दुनिया को
सब पूछते बैठेंगे
कैसे उड़ गया?
क्यों उड़ गया?

तंग आ गया हूँ मैं हर पल नष्ट हो जाने की
आशंका से भरी इस दुनिया से
और भी ढेर तमाम जगह हैं इस ब्रह्मांड में
मैं किसी भी दूसरे ग्रह पर जाकर बस जाऊँगा

मैं तो कभी का उड़ गया होता
चाय की गुमटियों और ढाबों में गरम होते तन्दूर पर
सिंकती रोटियों के लालच में मैं हिलगा रहा इतने दिन
ट्रक ड्राइवरों से बतियाते हुए
मैदान में पड़ी खटियों पर
गुजार दीं मैंने इतनी रातें

क्या यह सुनने को बैठा रहूँ धरती पर
कि पालक मत खाओ! मेथी मत खाओ!
मत खाओ हरी सब्जियाँ!

मैं सारे स्वप्नों को गूँथ-गूँथकर
एक खूब लम्बी नसैनी बनाऊँगा
और सारे भले लोगों को ऊपर चढ़ाकर
हटा लूँगा नसैनी
ऊपर किसी ग्रह पर बैठकर
ठेंगा दिखाऊँगा मैं सारे दुष्टों को
कर डालो कर डालो जैसे करना हो नष्ट
इस दुनिया को

मैं वहीं उगाऊँगा हरी सब्जियाँ और
तन्दूर लगाऊँगा

देखना एक रात
मैं सचमुच उड़ जाऊँगा।

*भोपाल गैस त्रासदी के बाद हरी सब्जियों के प्रदूषित हो जाने के कारण उन्हें खाने से मना किया गया था।*

## सचमुच की रात

सूरज ने स्वप्न देखा कि वह चाँद है
चाँद ने स्वप्न देखा कि वह
करोड़ तारे है

रोटी हिरन होने के स्वप्न में डूबी
जंगल में कुलाँचे भर रही थी
मैं एक कन्दरा से निकला
अपना तीर–कमान लेकर

तभी किसी पेड़ के पीछे से दबे पाँव
आया एक चीता
और उसने दबोच लिया हिरन को!

इसके बाद एक सचमुच की रात हुई
और किसी के पास
तब कोई स्वप्न नहीं बचा।

## आखेट

नींद को बेचकर सारे घोड़े
कुलाँचे भरने को छोड़ दिए हिरन
स्वप्नलोक में
'शिकारियों के लिए प्रवेश निषेध'
'शिकार खेलना मना है यहाँ'

जगह-जगह लगाईं
मैंने तख्तियाँ

पर पैरों में इकट्ठा दिन-भर की थकान
और दिन-भर रोती हुई रुलाई
सबने मिलकर पैदा किया
मेरे ही रक्त से
एक शिकारी

मेरे स्वप्नलोक की चाँदनी रात में
खेला उसने आखेट
रात-भर रात-भर
देखी मैंने
हिरनों की चीत्कार

हाँ देखी
वह हिरनों की चीत्कार!!

## उसके स्वप्न में जाने का यात्रा-वृत्तान्त

मैं उसके स्वप्न में जाना चाहता था

वह हरी-हरी कमीज मैंने पहन ली
जो उसे खूब-खूब पसन्द थी
जिसकी दोनों जेबों में
रखी जा सकती थीं दो चिड़ियाँ
या दो सफेद चुहियाँ!

तोड़ लिए मैंने उसकी पसन्द के फूल
बिना पूछे पौधों से, और
गुच्छे बना लिए!

सनकी थी वह, सनक की हद तक
पसन्द था उसे समुद्र

अगर कोई न टोके तो
घंटें, दिनों या शताब्दियों तक
देखती रह सकती थी वह
लहरों का आना-जाना

पोलीथिन की विशाल थैली में
मैंने समुद्र को भर लिया
आप अन्दाजा भी नहीं कर सकते
कि कैसी तकलीफ़देह बात थी यह
        समुद्र के लिए

साथ तो वह हो लिया
पर आशंका लगातार बजती रही उसके दिमाग में
कि रात-बिरात इधर से कोई गुजरा
और नदारद पाया समुद्र को
तो बिना बात का बतंगड़ बन जाएगा

तट के पास से ही मछुआरों से
मैंने एक नाव माँग ली और
बाँध लिया उसे अपने दाहिने कन्धे पर
उसका पाल जब हवा में लहराता, तो
लगता जैसे ताजे कोरे काग़ज़ों पर कोई
        महाकाव्य लिख रहा हो!

चाँद मैंने कमीज की एक जेब में रख लिया
दूसरी जेब में क्योंकि सिगरेटें थीं
इसलिए तारे, वो प्यारे-प्यारे
ढेर सारे सितारे, पैंट की जेबों में भर लिए

तारे! वो गिनती गिनने के खिलौने!
कई बार शुरू किया जिन्हें गिनना
और पूरा-पूरा कभी नहीं गिना

तारे तो तारे थे, मूँगफली नहीं
कि खाता चला जाता
छील-छीलकर
खाली भी नहीं थे मेरे हाथ
फूलों से भरे थे, फूलों से
मेरे हाथ न हों, जैसे हों फूलों से लदे दो वृक्ष!

आखिरी दिन थे महीने के
चिल्लर की तलाश में हाथ
जेबों में जब कोलम्बस हो जाते हैं
सो ऐसी ही फोकट की चीज़ों से भरी जा सकती थीं जेबें!

❐

यह रात तीन बजकर दस मिनट का वक़्त था, सड़क एकदम सुनसान
थी, और मैं उसके स्वप्न में जाने के लिए निकल पड़ा। मैं
इतनी सारी चीज़ों से लदा था, पर लुट जाने के खतरे का खयाल
मुझे एक बार भी नहीं आया, जबकि शहर में राहजनी की घटनाएँ
आए दिन हो रही थीं। और तो और मुझे सड़क के कुत्तों और
गश्ती सिपाहियों का भी खयाल नहीं आया, रात में घूमने निकलते
हुए जिनकी वजह से बिना भूले जेब में सिनेमा का
आधा फटा टिकट रखे रहना पड़ता था।
मैं किसी वृक्ष की तरह अपने हरे-भरे प्रेम में चार हाथ ऊपर तक
डूबा हुआ, आवारा हवा की तरह पूरी मस्ती में था।

कपड़े के जूते पहने, चीज़ों से लदे-फँदे मैं बिना कोई आवाज़ किए
उसकी नींद में पहुँचा, जूते मैंने बाहर नहीं उतारे, उसकी
नींद के दरवाजे पर ऐसी कोई तख्ती नहीं थी। उसकी आँखों
में दूर तक फैली नींद, मेरे पहुँचने से पहले तक
एकदम स्वप्नविहीन थी।
कैलेंडर के तारीखहीन हिस्सों-सी उस एकदम खाली नींद में
वह खुश थी न उदास। वह 'स्थिर-जीवन' के चित्रों-सी नींद,
एक स्वप्न की प्रतीक्षा-सी थी, आकर्षक पर मौन

और आँखें और बाँहें खोले हुए।
मैंने जल नहीं हिलाया, लहर नहीं बनाई
हवा को नहीं कौंचा, पेड़ को नहीं झिंझोड़ा
कि मछलियाँ भागतीं या जागतीं चिड़ियाँ

मैंने सिर्फ़ इतना किया कि हाथ में
थामे फूलों को धीरे-धीरे फैला दिया
उसकी नींद में
धीरे-धीरे
गन्ध और आश्चर्य से भरने लगी वह
धीरे-धीरे
नींद में जागते हुए
देखा उसने गन्ध को
फूलों को, मेरी कमीज के हरे रंग को और मुझे

नींद में देखते हुए वह मुस्कुराई, उठी
और हवाई स्पंज चप्पल पहनकर
हवा पर सवार हो गई

मैंने एक बड़े से बादल को पकड़ा
और एक-एक कर तमाम चीज़ें
उस पर सजा दीं

लेकिन समुद्र को मैं कहाँ रखता?

थैली को उलट देता
तो सोती हुई सारी दुनिया भीग जाती!
नहीं खोली मैंने थैली
नाव में बैठकर हम
थैली में ही उतर गए
बाहर बादल पर, पेपर वेट-सा
रखा था चाँद और
उसके खरगोश

बादल के किनारे कुतर रहे थे
या बादल पर उगी दूब!

हम एक-दूसरे के चुम्बनों से
ढकते चले गए, होंठ, आँखें
यहाँ तक कि सारा शरीर
ढकता चला गया चुम्बनों से

❒

बादल इस बीच उड़कर जाने कहाँ चला गया
जाने कहाँ चली गईं सारी चीज़ें
हाय! स्वर्ग में भी चोरी!
ऐसा तो पहले कभी नहीं सुना!

लौटा तो बस धूप का एक टुकड़ा था
जो घड़ी की तरह धमका रहा था
झटपट तैयार हो जाओ वरना
ऑफिस का वक़्त बजा दूँगा।

## करमकल्ले और सारस और बच्चा

क्या वे छोटी-छोटी हरी पृथ्वियाँ हैं
बादलों के ऊपर से दिखते घास के मैदान
जिन्हें किसी जादूगर ने
गेंदों में बदल लिया है
या हरी पोशाक में
किसी स्कूल के गोल-मटोल
बच्चे हैं वे

वे जादूगर हैं शायद
जो हमारे छुटपन की
छोटी पाठशालाओं में आते थे
और एक रूमाल से

एक दर्जन रूमाल बनाने का
        करतब दिखाते थे

पत्तों में से पत्ते खोलते
अनेक चौड़े चपाट पत्तों में
बदल जाते हैं वे
जैसे किसी पेड़ ने बन्द कर लिया हो
अपने को समूचा अपने अन्दर

हरी-हरी गेंदों के ढेर की तरह
रखे हैं करमकल्ले
एक बच्चा खड़ा है बगल में
उन पर पानी छींटता
पानी पड़ते ही खिलखिलाहट में
बदल जाती है उनकी मुस्कुराहट
वे हँसते हैं
और झुनझुने खनखनाते हैं
चारों ओर

किस करमकल्ले से निकला है वह बच्चा?

क्या अभी खुलेंगे सारे करमकल्ले
और बाहर निकल आएँगे
खूब सारे बच्चे
उछलते-कूदते?

याद आती है एक रूसी कहानी
वैज्ञानिक शिक्षा देने को इच्छुक
शशोपंज में पड़े पिता से
कहता है बच्चा

"बच्चे करमकल्ले से निकलते हैं
या कोई सारस लेकर आती है
उन्हें आकाश से"

कुतूहल से भर जाता हूँ मैं
कि खुलने ही वाले हैं
करमकल्ले
कि धूप सारस की तरह
खड़ी है उनके बगल में

देखता ही रह जाता हूँ एकटक
सामने के मकान की खिड़की पर
बैठी औरत
एक छोटा मौजा बुनने में
        मगन है

क्या उसे खबर है
कब खुलेंगे करमकल्ले!

## माँ की याद

अचानक आती है
माँ की याद
और उदास हो जाती है
        वह
कि एक उसी का घर
नहीं देखा माँ ने
कि माँ क्यों चली गई
उसका घर
बनने से पहले ही

सिसकने लगती है वह,
तकिए में सिर गड़ाए
कि माँ नहीं खिला पाएगी
उसी के पहले बच्चे को

जबकि सारी बहनों के बच्चों को

गोदी में ले-लेकर
कितना नहीं खिलाया माँ ने!

उसे रह-रहकर याद आती है
माँ
इन दिनों

इन दिनों
जब वह खुद
माँ बनने वाली है।

## शहद जब पकेगा

लम्बी उँगलियों वाली धूप है तुम्हारा प्यार
तुम छुट्टी ले लो कुछ दिन
और धूप से बोलो
एवज में ऑफिस हो आए
टाइपराटर पर बैठ जाए कुछ दिन

कमरे में चहकती चिड़िया है तुम्हारा प्यार
तुम छुट्टी ले लो कुछ दिन
और चिड़िया से बोलो
एवज में ऑफिस चली जाए
रजिस्टर में दर्ज कर आए
चिट्ठी-पत्री

सन्तरे का पेड़ है तुम्हारा प्यार
बोलो उससे कुछ दिन
कर आए मेरी एवज में
मेरे ऑफिस का काम
अभी तो दूर है सन्तरों का मौसम
कई दिन हैं अभी पगार मिलने में

और ठीक-ठाक करना है सारा घर
जुटाना है काम की कितनी सारी
छोटी-मोटी चीज़ें
एक पगार में थोड़े न जुट जाएगा
सारा सामान

शहद का छत्ता है तुम्हारा प्यार
हल्की-हल्की आँच के धुएँ में
जिसे पकाएँगे हम
तुम छुट्टी ले लो कुछ दिन
और साथ-साथ बाज़ार कर लो
मधुमक्खियों से बोलो
निपटा लेंगी घर का कामकाज
और शहद भी पक जाएगा तब तक

❐

बजाज तो क्या देगा उधार!
पर हो सकता है एक काम
अपन कपास के पेड़ को ही पटा लें
उसकी धौंस-डपट से चल जाएगा काम
सीधे मिल से ही मिल जाएगा कपड़ा

अपन सिलाएँगे एक-एक नया जोड़ा
और नए जोड़े पहनकर इतराएँगे
कौन रोज़-रोज़ आता है
यह दिन!

दर्जी तो पटेगा क्या!
उधार करे जिस-तिस से
तो चल गया धन्धा
चल गया घर
सुई से करेंगे बातचीत
और तागे को बता देंगे जेब

सेमल का एक पेड़ है मेरा दोस्त
अभी नहीं आया, तो कब आएगा काम?
बोलेंगे उससे
भर दे एक तकिया
एक गद्दा, एक रजाई

अभी दूर हैं वे दिन
जब ज़रूरत होगी हमें
अलग-अलग रजाई की
जब पृथ्वी हो जाएगा तुम्हारा पेट
जब आकाश के कान में फुसफुसाएगी पृथ्वी
जब वृक्ष से आँख चुरा, चुराओगी तुम
मिट्टी

जब पहाड़ों की आड़ से
एक टुकड़ा आकाश चुरा लाओगी
तुम

अभी दिन हैं, अभी तारे गिनना हैं कई सारे

अनन्त तक फैली, बादलों को छूती
हरी-हरी घास है तुम्हारा प्यार
तुम छुट्टी ले लो कुछ दिन
और चलो घास में लुक-छिप जाएँ अपन!

## वे तीन

पहला बिजली का सामान बनाने वाले कारखाने में
रात की पाली में काम करता था

रात को अच्छी तरह तह करके लपेटकर
बन्द करके चाँद तारों की पेटी में
वह अलसुबह लौटता और
कमरे में आकर सो जाता

सोने से पहले वह
दूसरे को जगा देता

दूसरा स्टोव पर चाय का पानी चढ़ाकर
आकाश के दरवाजे खटखटाता
कि धूप
धरती, पेड़ों और घरों तक आ जाए
चिड़ियाँ जागें और चीज़ें थोड़ी गर्मा जाएँ

फिर अपनी साइकल उठाकर वह निकल जाता
कि सुबह सब जगह पहुँची या नहीं!
औसारे से होकर धूप
जब लोगों की आँखों तक पहुँचती
वह सारे अखबार लगा चुका होता
जब वह अपने हिस्से का अखबार लिए लौटता
तीसरा जाग चुका होता

वे तीन थे
भाई नहीं दोस्त
जो शहर के एक छोटे से कमरे में अँट गए थे
लेकिन वे तीनों कुँआरे थे
और उनके सपने इस कमरे में
अँट नहीं पाते थे
कमरा छोटा था
और शहर बहुत बड़ा था
इसलिए कमरा जुटाने की जगह
उनकी जेबों में नहीं थी

तीसरा दिन-भर सड़कें नापता
नौकरी की अर्जियाँ लिखता
ऑफिसों के चक्कर लगाता

दिखता एकदम फक्कड़
पर अन्दर ही अन्दर
उदास रहता

पहला अक्सर लौटते हुए
एक सितारा चुरा लाता
और बची हुई दो बीड़ियों के साथ
खूँटी पर टँगी तीसरे की कमीज की
जेब में रख देता
चुपचाप
दूसरा अखबार से नौकरी के
विज्ञापन काटकर कतरनें
और थोड़ी-सी धूप
और चालू चाय जितने पैसे
तीसरे की पैंट की जेब में
खिसका देता

तीसरा जानता था पर चुप रहता था
वह चाहता था एक छोटी-सी नौकरी
एक छोटी-सी नौकरी
जिसमें बचा रहे दूसरों के लिए
अपनापन

वे तीनों
रात का खाना एक साथ
एक छोटे से ढाबे में खाते थे।

## दादा ख़ैरियत

दादा ख़ैरियत
दादा ख़ैरियत

आवाज़ कसता है
जब कोई दादा ख़ैरियत
दर्जन-भर गालियाँ बकते हैं
दादा ख़ैरियत
ज्यादा ही तंग करे कोई
तो झुँझलाकर पत्थर लेकर
दौड़ते हैं
दादा ख़ैरियत

ईद-के-ईद कोई दे देता है उन्हें
उतरन की शेरवानी धुलवाकर
कोई सिलवा देता है सस्ते लट्ठे का
खुसना
कोई दे देता है पुरानी-धुरानी
अलीगढ़ी टोपी
उसी को साल-भर
बिना बदले
पहनते रहते हैं
दादा ख़ैरियत

पान की पीकों से भर चुकी है
पिछली ईद को पहनी शेरवानी
जगह-जगह से फट चुका है
गन्दा खुसना
चीकट हो चुकी है टोपी
इसके बाद भी कोई कहे
दादा ख़ैरियत
तो क्यों न गालियाँ बकें
दादा ख़ैरियत!

दादा ख़ैरियत का भी कोई
और नाम रहा होगा पहले

पहले जब कोई पूछता होगा
दादा ख़ैरियत?
तो जवाब में वो भी कहते होंगे
ख़ैरियत मियाँ ख़ैरियत
खुदा की मेहरबानी है
अल्लाह का फ़ज़ल है

ख़ैरियत जैसा लफ़्ज़ सुनते ही भड़क जाते हैं
अब दादा ख़ैरियत
एक चिढ़ाऊनी बन गई है उनकी
दादा ख़ैरियत

जब गुजरते हैं बूढ़े दादा ख़ैरियत
जुमेराती दरवाजे के नीचे से
सर झुकाकर गुजरते हैं
डर लगा रहता है हमेशा
कि टकरा न जाए दरवाजा
उनके सर से
दरवाजा जबकि ऊँचा
तिगुना या चौगुना उनके कद से

कैसा गुरूर अपने कद का दादा ख़ैरियत को
कि खत्म हो चुकी नवाबी रियासत का
बचा हुआ यह आखरी दरवाजा
छोटा पड़ता है उन्हें
तनकर निकलने के लिए आज भी

देखो–देखो नवाब भोपाल
कुदसिया बेगम, शाहजहाँ बेगम, बेगम सुल्तानजहाँ
देखो कि कितने ओछे तुम्हारे विशाल दरवाजे
कितने बौने तुम्हारे बड़े–बड़े महल
एक अधपगले बूढ़े के आगे

खत्म हो चुकी नवाबी, खत्म हो चुकी रियासत
खत्म हो चुके नवाब की दयानतदारी के किस्से
पाँच दरवाजों में बन्द शहर फैल गया
इतना बाहर
कि शहर के बीचोबीच
आ गए पाँचों दरवाजे

एक के बाद एक तोड़े गए चार दरवाजे
बचा रह गया सिर्फ़ एक दरवाजा
जुमेराती दरवाजा
जिसके नीचे से जब गुजरते हैं
दादा ख़ैरियत
तो मोखों से सिर निकालकर
गुटरगूँ करते चिल्लाते हैं कबूतर
दादा ख़ैरियत
दादा ख़ैरियत

आसपास इकट्ठे हो जाते हैं
मोहल्ले के लड़के
जिनके पास न खेलने का वक़्त
न खेलने को हॉकी–फुटबॉल
देखते ही दौड़ पड़ते हैं लड़के
पीछे–पीछे चिल्लाते हुए
दादा ख़ैरियत
दादा ख़ैरियत
इधर–उधर दौड़ते–दौड़ते
हाँफ जाते हैं दादा ख़ैरियत
गालियाँ बकते–बकते
रुँध जाता है गला
उड़ने लगता है थूक मुँह से

फोकट का तमाशा
मनोरंजन सबका
दरवाजे से बाहर
चूने रामरज गेरू की दुकान लगाने वालियों
बसोढ़ों मालियों मूमफली के ठेले वालों
होटल के चाय लगाने वाले लड़कों
के लिए
बिना दाम का
मन बहलाव
जब ज्यादा तंग करते हैं लड़के
जब ज्यादा तंग आ जाते हैं
दादा ख़ैरियत
तो आगे बढ़कर कोई-न-कोई
भगा देता है लड़कों को
थमा देता है कोई ठेले वाला
मुट्ठी-भर मूँगफलियाँ
या ईरानी होटल से कोई मँगा देता है
एक चालू चाय
दादा ख़ैरियत के लिए

कहाँ बची है ख़ैरियत
किसकी बची है ख़ैरियत
चलन न हो कहने का
तो कौन कह सकता है
इस ज़माने में
ख़ैरियत मियाँ ख़ैरियत
कम-से-कम चिढ़ाने के बहाने
कह लेते हैं लोग ख़ैरियत

चिढ़ाने से बाज नहीं आते लोग

गाली देने से बाज नहीं आते
दादा ख़ैरियत!!

## नकाबपोश

ठीक साढ़े दस बजे
बैंक में दाखिल होता है
एक नकाबपोश
जेब से निकालता है नोटों की गड्डियाँ
काउंटर पर खड़े होकर भरता है
खाता खोलने का फार्म
सब सन्न! सब खामोश!!
जैसे कनपटी पर धरी हो कोई पिस्तौल!

दो लाख!
दो लाख का डिपाजिट!
डरा-डरा मन ही मन खुश होता
शाखा प्रबन्धक!
जमा योजना की महान उपलब्धि
आसमान फाड़कर गिरती
अगली पदोन्नति!!

अचानक! अचानक!
फैलती है खबर चारों ओर
धर लिया गया
बैंक से निकलते ही पुलिस द्वारा
कर लिया गया गिरफ्तार
नकाबपोश!!

कई दिन! कई दिन!
सबकी बातचीत में सबके इर्द-गिर्द

मँडराती है नकाबपोश की परछाईं
कई दिन! कई दिन!!
कई दिन बाद
फिर कई दिन बाद

जेल से आता है एक चेक
नकाबपोश का
एक चेक पन्द्रह हजार का

सिमट आते हैं सब आस-पास
शाखा प्रबन्धक, लेखापाल, रोकड़िया
अधिकारी, लिपिक, सन्देशवाहक
सिमट जाते हैं सब
आसपास
घेरकर खड़े हैं सब
चेक को

सब घूरते हैं कोई अजूबा नहीं!
सम्भव नहीं निकल आना चेक से
नकाबपोश का
सबके सब उत्तेजित
सबके सब निश्चिन्त

इधर-उधर किसी कोने में
स्ट्रांगरूम के दरवाजे के पीछे
कहीं लुका तो नहीं
नकाबपोश!!

शक की नज़र दौड़ती है इधर-उधर
कैसा भयभीत
सारा माया बाज़ार
अपनी ही परछाईं से!!
सब घूरते हैं चेक

चेक के हस्ताक्षरों में हिलता है
नकाबपोश का फाउंटेन पेन!

## यह धर्म के विरुद्ध है

मकान मालिक परेशान है
और आँगन में टहल रहा है, देख रहा है
दाहिनी ओर की दीवार पर
भीत फोड़कर
एक पीपल उग आया है
दीवार में दूर तक
पड़ गई है दरार

पर पीपल को
न तो उखाड़ा जा सकता है
न काटा जा सकता है
क्योंकि यह
धर्म के विरुद्ध है।

मकान मालिक परेशान है
और आँगन में टहल रहा है, देख रहा है
पीपल और बड़ा हो गया है
पूजा के लिए उसके आसपास
इकट्ठे होने लगे हैं
मोहल्ले के लोग

मकान एक सार्वजनिक स्थल
बनता जा रहा है
पर वह किसी को भी रोक
नहीं पा रहा है
क्योंकि यह
धर्म के विरुद्ध है।

मकान मालिक परेशान है
और आँगन में टहल रहा है, देख रहा है
पीपल ने जड़ें और फैला ली हैं
दीवार धसक गई है पूरी तरह
घर एक तरफ़ से
पूरा नंगा हो गया है
जहाँ से ताक-झाँक कर रहे हैं लोग
पर वह किसी से
कुछ नहीं कह पा रहा है
क्योंकि यह
        धर्म के विरुद्ध है।

मकान मालिक परेशान है
और आँगन में टहल रहा है, देख रहा है
फैलती ही जा रही हैं
पीपल की जड़ें
और धसकता ही जा रहा है मकान

अपनी ही ज़मीन से
निर्वासित होता जा रहा है वह
वह मन ही मन बड़बड़ा रहा है
ऐसी की तैसी इस...
पर असम्भव है इसके आगे कुछ भी कहना
क्योंकि यह
        धर्म के विरुद्ध है।

## असली किस्सा तबीयत के हिरन हो जाने का

हिरन छाप बोतल का ढक्कन खोलकर
मैंने आजाद किया हिरन को
और खुला छोड़ दिया उसे

अपनी नसों के जन्तर-मन्तर में
जिसके बीच ही कहीं था
मेरी आत्मा का कोमल-कोमल
और हरा-भरा चारागाह

पलक झपकते ही हिरन हो गई मेरी तबीयत!

सृष्टि के छोरों तक मेरे सामने फैले हुए थे सातों आसमान
और हवाओं को चीरता सातवें आसमान पर
कुलाँचे भर रहा था हिरन
और हिरन की तबीयत में
बा हैसियत एक शहंशाह
बैठा हुआ था मैं

हाथ बाँधे खड़े थे सारे नक्षत्र, ग्रह और उपग्रह
सात दिन खड़े थे सात दिनों की आभा
और चारों मौसमों के सात हजार फूलों और फलों से
भरी डालियाँ लिये
ऋचाएँ गा रहे थे सप्तऋषि तारे
बिछा हुआ था चाँदनी का चकमक गलीचा
पूरे आकाश मार्ग पर
और चाँद अपनी सुनहरी बाँहें फैलाए
खड़ा था मेरे स्वागत के लिए
यह मेरी विराट और बंजर
बेरोजगारी के दिनों की एक रात थी
ये वे मनहूस दिन थे जब
सुबह साढ़े दस से शाम साढ़े पाँच तक
सारा-सारा दिन किचकिचाती धूप में
चालू चाय और बीड़ियों के सहारे
विद्यालय और सरकारी कार्यालयों से
अखबार के दफ्तरों तक
फ़कत एक छोटी-सी नौकरी की तलाश में

मैं नापता रहता था
अजगर-सी लम्बी सड़कें

यूँ बड़ी बात नहीं थी
सुई के छेद से हाथी का निकल जाना
या जरा-सा पेट नमाकर चुरा लेना पूरा ऊँट
पानी पर नंगे पाँव चलकर समुद्र पार करने का दावा
करने वाले बाबाओं के इस महान देश में
एक छोटी-सी नौकरी तलाश लेने को छोड़कर
आसान था
बड़े से बड़ा जंगी करतब!!

हाय हाय!! एक छोटी-सी नौकरी!!
दो कौड़ी की बबुआगिरी
या चार धेले की मास्टरी
जिसकी कोई इज्जत आबरू नहीं इस दुनिया जहान में
सबसे सस्ता भाव, सबसे अन्तिम प्राथमिकता जिसकी
शादी-ब्याह के व्यापार में

किसी तिल की अंटी में नहीं था
मेरी खोपड़ी के लायक थोड़ा-सा तेल

रात के इस शानदार दूसरे पहर में
जब कुत्ते किसी बंगले में पालतू होने के
ख्वाबों में डूबे हुए थे
और चमगादड़ें कर रही थीं रतजगा
मैं सारी दुनिया के रोजगार कार्यालयों के
मंसूबों पर खाक डालता
और जब तब दयार्द्र हो उठने को आतुर लोगों की
खोपड़ियों में खलबली पैदा करता
हिरन की तबीयत में सवार
मैं उड़ रहा था सातवें आसमान पर

ब्रह्मांड की टेबिल पर
चाँदी की चमचमाती तलवार की तरह
रखी थी आकाशगंगा

यह थी मेरी तलवार!
दुनिया के महानतम योद्धा की तलवार
से भी बड़ी और शानदार
जिसे धारण करके निकल जाना था मुझे
दिग्विजय पर
दुनिया के तमाम दुखों का सर काटते
और ख़नखनाते हुए दिशाओं को
ठीक इसी वक़्त लेकिन मुझे दिखा शनिग्रह
वह नाना फड़नवीस-सी टेढ़ी पगड़ी बाँधे
लुकता-छिपता मेरी नज़रों से बचकर
निकल भागने की कोशिश कर रहा था
चुपचाप

"गलियाँ और नुक्कड़ नहीं हैं
इस सपाट आकाश-मार्ग में
बचकर कहाँ जाएगा तू!"
धर दबोचा मैंने उसे और मजे से खबर ली उसकी
"तो आप ही हैं वे शनिदेव
जो खड़ी करते रहते हैं
रोज़-रोज़ नई चकल्लसें
और पड़े रहते हैं हमारी धरती के
हर किसी मुसीबतज़दा आदमी के पीछे,
क्या आपको खबर है
कि आपका खौफ़ दिखाकर
जब-तब अपनी अंटियाँ गरमाते रहते हैं
हमारे यहाँ के धूर्त ज्योतिषी और पंडित!
ठीक-ठीक बताओ

इस माल में कितना हिस्सा है तुम्हारा?''

खिसियाता हुआ चुपचाप खड़ा था
वह नज़रें झुकाए
चलते-चलते मैंने डाँटकर कहा

''रावण की जूतियाँ चटकाने वाले पलीत
बाज आओ अपनी हरकतों से
वरना धूल में लोटती नज़र आएगी
तुम्हारी पगड़ी''

फुर्सत ही कहाँ थी मेरे पास कि मैं सुनता
घिघियाते हुए वह क्या कह रहा है
अपनी सफाई में
हिरन की पदचाप सुनते ही वहाँ
खड़े हो गए थे सबके कान
अपनी-अपनी गद्दियाँ छोड़कर
खड़े थे वहाँ सारे ग्रह
सकुचाए हुए खौफ खाए हुए
कि पता नहीं किस पर टूट पड़े मेरा कहर
किसकी शामत आ जाए दूसरे ही पल!

नौकरी नहीं करते हिरन
उसे नहीं थी ज़रूरत किसी चरित्र प्रमाण-पत्र की
नस-नस में थी उत्तेजना और हवा हो रहे थे
उसके पैर

एक विशाल फुटबाल-सी नज़र आ रही थी पृथ्वी
ओर-छोर फैला था एक हरा जादू
हरी चादर ओढ़कर
मजे में सोए पड़े थे
गेहूँ और धान
बाग की रखवाली में ऊँघते राक्षसों की तरह

उकड़ूँ बैठे थे
विंध्याचल और सतपुड़ा के भीमकाय पहाड़
"सारे सोने के अनार चुराकर ले जाऊँगा मैं
और तुम्हारी तो औकात क्या
तुम्हारे बचे-खुचे राजा और राजकुमार भी
बाल तक बाँका नहीं कर पाएँगे मेरा!"

आसमान की सातवीं मंजिल से चिल्लाकर कहा मैंने

मूर्खों की तरह मुँह उठाए
खड़े थे सारे वृक्ष
मेरी बातों को बूझने की कोशिश करते

शताब्दियों बासी खदबदाती शिक्षा की फफूँद में
बजबजा रहे थे देश के सारे शिक्षा केन्द्र
विद्यालय महाविद्यालय और विश्वविद्यालय
और
स्याही की चिड़ियों की बीट
और काग़ज़ी घोड़ों की लीद पर
उगे हुए थे
सचिवालय और सरकारी कार्यालयों के
कुकुरमुत्ते
उनके सम्मान में एक दर्जन गालियाँ
निकालते हुए
मैं चीखा
"तुम! तुम माल्थस की लीद में
अपनी अकर्मण्यता छुपाने वाले
शासकों और प्रशासकों को
ढोने वाले खच्चरो
तुम दोगे इस देश को
नई योजनाएँ और खुशहाली!!
तुम!

जो नहीं तलाश सकते इस विशाल भूखंड पर
एक स्नातक के लिए
एक छोटी-सी नौकरी!"

नहीं है नहीं है
चाँद पर अंगूर का एक भी बगीचा नहीं है?
हजारों टाँगें हवा में उछालते
और चाँद की ओर लपकते
समुद्र के सामने
खोल दिया भंडाफोड़ कर दिया
मैंने इस रहस्य का!!

नीचे खनखना रहा था
सारा सर्राफा सटोरियों की आवाज़ से
चमचमा रहे थे निजी व्यवसाय में लगे
चिकित्सकों के चेहरे
कि चाँदी के दलदल से उड़ते हुए
सारे देश में फैल रहे हैं
दिमागी बुखार के कीटाणु
हाय! चाँदी के एनाफ़्लीज
        सोने के वायरस
        हीरे जवाहरात के बैक्टीरिया!!

रात के इस पहर में
जब सोना चाह रहे थे या सो चुके थे लोग
चौकीदार चिल्ला रहे थे
जागते रहो जागते रहो
नींद के झोंकों में लिख रहे थे अखबारनवीस
राजनेताओं के ऊबाऊ और मूर्खता से भरे भाषणों को
अपनी चटपटी भाषा में
चन्द्र-लोक, सर्राफा और वेश्याओं के कोठों के सिवा
एकदम सुनसान पड़े थे

सारे दफ़्तर, बैंक और शिक्षा केन्द्र
आदमी तो आदमी
आदमी की गन्ध तक नहीं थी वहाँ
उन सैकड़ों कमरों और गलियारों में

पोले बाँसों के भीतर से गुजर रही थी हवा
और पोस्तों में बज रहा था खसखस

बन्दूकें बगल में टिकाए
स्टूलों पर ऊँघ रहे थे चौकीदार
अपने कवचों में घोंघों की तरह
दुबके बैठे थे टाइपराइटर
और इस्पात के तहखानों में सोई पड़ी थीं फाइलें
फाइलों में सो रही थीं योजनाएँ
सैकड़ों का सुख-चैन और भविष्य!!

"अपनी ख्वाबगाहों में घोड़े बेचकर सोते हुए
प्राचार्यो, प्रशासको और शासको सुनो!
सुनो! कि मैं
तुम्हारे नरक के ऊपर से बोल रहा हूँ
है तुम्हारे सम्पूर्ण इतिहास में ऐसा कोई शहंशाह
जिसने सवारी की हो हिरन की तबीयत में बैठकर

चौपट खुले छोड़ दिए हों जिसने
अपने खिड़की दरवाजे
जिसे कोई खौफ कोई खटका न रहा हो
चोर डाकू और गिरहकटों का
इस तरह बेखबर रहा हो जो
अपनी दौलत और जागीर से?

नहीं हुआ
नहीं हुआ

इतिहास में मुझसे पहले ऐसा कोई शहंशाह नहीं हुआ
क्या छीन सकता था कोई मुझसे!
मेरी जेब में फकत कंगाली का एक जिन्न था
जिसके पास एक विराट खजाना था
तंगहाली से भरे दिनों का

वह बोतल जिससे
आजाद किया था मैंने हिरन को
लौटा चुका था मैं
कलारी के मुच्छड़ मालिक को
और वसूल चुका था अठन्नी
और अब
वह रकम भी नहीं थी मेरे पास
उस एकमात्र रकम से खरीदा जा चुका था
काला फूल
बीड़ियों का!

"ओ धुएँ का धन्धा करने वाले बीड़ी सेठो
लखपतियो, करोड़पतियो
याद रखना
यह मेरा आठ आने का अहसान!
याद रखना कि मैंने अपने सबसे तंग दिनों में भी
दिए थे तुम्हें आठ आने
याद रखना, अपनी जेब की सम्पूर्ण दौलत
लुटा दी मैंने तुम जैसे दौलत के पिस्सुओं पर!"
मुझे पता था, सब पता था मुझे
कि कमरों में घुसे हुए कई हाथ
लाल स्याही का पेन थामे
मेरे नाम के आगे लगा रहे हैं
सन्देह के निशान
लेकिन उस वक़्त कौन कर सकता था फिक्र

इन बेहूदा बातों की!!

सुनो! इस महान धरती की तमाम
देवियो और सज्जनो सुनो!

मैं चश्मदीद गवाह इस सातवें आसमान का
बताता हूँ तुम्हें
कोई स्वर्ग, कोई बहिश्त नहीं है यहाँ
चकनाचूर हो जाएँगे तुम्हारे सैकड़ों ख्वाब
मैं जानता हूँ
लेकिन सुनो! एकदम सच-सच बताता हूँ तुम्हें
खुदा को किसी भी नाम से पुकारने वालो
यहाँ नहीं है किसी भी खुदा का वजूद
और कभी रहा हो
तो भाग चुका है वह
मेरे यहाँ पहुँचने से पहले ही

मैंने सुलगाईं तमाम बीड़ियाँ एक साथ
और बाँट दीं उन तमाम लोगों को
जो शहंशाह थे मेरी ही तरह
कंगले शहंशाह!!
अपनी-अपनी तबीयत की जागीर में
दंड पेलते हुए!
धुएँ ही धुएँ से भर गया सारा स्वर्ग
सात मंजिला स्वर्ग!!
चमक उठीं बीड़ियाँ
चमक उठीं जैसे सैकड़ों मशालें!
मशालें ही मशालें
चीख रही थीं चारों ओर
गुँजाते हुए पूरे ब्रह्मांड को
गूँज रहे थे सैकड़ों कंठ

बदलो! बदलो!
बदलो इस संसार को!!
मैंने खटखटाए तमाम सितारों के दरवाजे
और हुक्म दिया उन्हें
कि कल आना
हाजिर होना कल
हमारे दरबार में

कल लिखाऊँगा मैं तुम्हें
नई दुनिया की संरचना का
नया ड्राफ्ट!!

## बसन्त 1985

इतना थका और लज्जित
किसी ने नहीं देखा होगा
बसन्त को
जरा-सी आहट पर खड़े हो जाते हैं कान
और तपने लगती हैं लवें
कि कहीं कोई पूछ न बैठे
क्यों आए इधर

इतना सहमा और शंकित
किसी ने नहीं देखा होगा कभी
बसन्त को

कोई वृक्ष नहीं जहाँ
एक हरी कोंपल की तरह फूट सके वह
कोई वृक्ष नहीं जिसे फूलों से लादकर
विस्मित कर डाले वह सबको!!
और कोई नहीं जो

आँख-भर देखे उसे
और आश्चर्य से भर जाए!

हो क्या गया है इस शहर को!
रेलवे प्लेटफार्म पर
बेचैनी से चहलकदमी करता सोचता है वह
कि किसी भी दिशा को जाने वाली
आए कोई भी गाड़ी
चढ़कर चला जाएगा वह
किसी और शहर को
इस तरह आते और इस तरह लौटते
किसी ने नहीं देखा होगा
इससे पहले कभी
बसन्त को।

*भोपाल गैस त्रासदी के सन्दर्भ में लिखे गए*
*भोपाल : शोकगीत 1984 की एक कविता*

## जन्म

ऊँट की पीठ पर अपनी खटिया बाँधकर
चल देंगे अभी बंजारे
दूर तक उनके साथ-साथ जाएगी मेरी बेचैन आत्मा।

धूप के साथ सरकती किसी पेड़ की छाँव में
डाल देंगे वे अपना डेरा और पकाएँगे
बाटियाँ और दाल
छाँह के साथ सरकते रहेंगे वे दिनभर
घड़ी की सुइयों के साथ जैसे सरकता रहता है समय।

कितनी अनमोल, कितनी अद्वितीय होती हैं वे साधारण चीज़ें
जिनके सहारे चलता है यह महाजीवन।

वो छोटी सी काली हंडिया जिसमें पकाई जाती है दाल
और रख ली जाती हैं जीवन की छोटी-छोटी खुशियाँ।
पुराने अखबार का वो कोई छोटा सा टुकड़ा
जिसमें बाँध कर रखा जाता है नमक
इतने सहेज कर रखती है वह बंजारन औरत नमक को
काग़ज़ में बाँध लिया हो जैसे उसने पूरा अरब सागर।

बंजारों ने अभी डेरा डाला है मेरे घर के ऐन सामने
किसी फल की फाँक की तरह आसमान पर लटका है
कार्तिक की सप्तमी का चाँद
सड़क के एक किनारे, पान की गुमटियों के पीछे
एक छोटे से टाट की आड़ और लालटेन की मद्धिम रोशनी में
बंजारन बहू ने जन्म दिया है अभी-अभी
एक बच्चे को!

*अक्टूबर, 1987*

## नट

दीमकें जगह-जगह से खा चुकी हैं तुम्हारे बाँसों को
भूख खा चुकी है तुम्हारा सारा बदन
क़दमों को साधकर चलते हो जिस रस्सी पर
इस छोर से उस छोर
टूट चुके हैं उसके रेशे, जर्जर हो चुकी है वो रस्सी
जब-जब शुरू करते हो तुम अपना खेल
कहीं बहुत क़रीब से आती है यम के भैंसे के खुरों की आवाज़
कहीं बहुत पास सुनाई पड़ती हैं
उसके गले में लटकी घंटियाँ।

नट!
क्या कभी डर नहीं लगता तुम्हें?
आशंका से कभी काँपते नहीं क्या तुम्हारे पाँव?

सच कहते हो बाबू एकदम सच
पर जरा कहो तो–
युद्ध में बार-बार घाव पर घाव सहते
क्या कम जर्जर हुई है यह पृथ्वी?
कीड़ों मकोड़ों और चूहों ने क्या कम खाया है इस पृथ्वी को
पर कौन डरता है बाबू इस धरती पर चलते हुए?
क्या यहाँ कम साध कर चलना पड़ते हैं पाँव?
जीवन की जोत पर जब तक टिकी रहें आँखें
कौन डरता है यमराज के भैंसे से?

मैं इस जर्जर रस्सी पर नहीं बाबू
भरोसे की डोर पर चलता हूँ दिन रात।

*संस्कृत का एक सुभाषित सुनकर, नवम्बर, 1987*

## नेपथ्य में हँसी

इस डिब्बे में अभी प्रकट होगा
एक रंग बिरंगा दृश्य
फिर आएगा एक आदमी और एक औरत
या कुछ आदमी और कुछ औरतें
बीच में कोई कुत्ता भी
गुजर सकता है कान हिलाता हुआ

ये सब लोग मिल-जुलकर कुछ करेंगे
किसी भाषा को गलत ढंग से बोलेंगे
किसी जाति के उच्चारण का मजाक उड़ाएँगे
और तभी परदे के पीछे से गूँजेगी हँसी

इसमें हँसने की क्या बात थी?
तुम धुनते रहो अपना सर
परदे के पीछे से लेकिन बीच-बीच में

बजती रहेगी हँसी

कोई गुजरे हमारे आसमान से
कोई गुजरे हमारे बगल के समुद्र से, नदी से
लगेगा उसे
बाकी है, बाकी है अभी
हमारे घरों में हँसी

हमारी हँसी ठीक इसी समय
उम्मीद के सबसे कमजोर घोड़े पर सवार
कहीं अँधेरे में
टटोल रही होगी अपना रास्ता। *मार्च, 1987*

## प्लेटफार्म पर

आवारगी के उन दिनों में जब देर रात लौटने पर
बन्द हो जाते थे घरों के दरवाजे
गुजारी हमने कई कई रातें प्लेटफार्म पर चहलकदमी करते हुए

देर रात जब सुनसान होते जाते हैं प्लेटफार्म और
बहुत कम गुजरती हैं रेलगाड़ियाँ
दूर आसमान में टहलता रहता है बाँका चाँद!
खाली पटरियों पर बीच-बीच में शंटिंग करते रहते हैं इंजन
ठंडी होती रात के सन्नाटे में गूँजती है
इंजन की तेज सीटी और पहियों का संगीत

ऊँघते हुए चाय वाले, टिकिट कलेक्टर, इंजन ड्राइवर, गार्ड और
पटरियों की देखभाल करने वाले मजदूर हाथ में लालटेनें लिये
अलग अलग कोनों में खड़े बतियाते हैं
उनकी फुसफुसाहटों और इक्का दुक्का यात्रियों के बीच
उस छोटे से स्टेशन पर मटरगश्ती करते
गुजारीं हमने कई-कई रातें

हर दिन लम्बी होती सड़कों और बड़े होते शहरों में अब
कम होता जा रहा है चलन किसी को
लेने आने या छोड़ने जाने का

अब तो पूरी शिद्दत से कोई लड़ता भी नहीं
बहुत खामोशी से चलती है ठंडी कटुता की
दुधारी छुरी

उदासी बढ़ रही है कस्बों में और शहरों में उदासीनता

आवारगी करते और व्यर्थ भटकते प्लेटफार्म पर
हर आती जाती ट्रेन की खिड़कियों से झाँकते लोगों को
हिलाए हमने हाथ
दूर तक तलाशे होंगे उन लोगों ने
हमारे अपरिचित चेहरों में
चेहरे अपने स्वजनों के

दिनों दिन ठंडी होती जाती मन में बची आँच ने
कुछ पल को कुरेदा होगा ज़रूर
कुछ लोगों का मन।

*जनवरी, 1989*

## घोंसला

अप्रैल की एक सुबह थी
धीरे-धीरे गरम होना शुरू हो रही थी धूप
करीब आ रहा था कौव्वों के प्रजनन का समय!
घोंसले के लिए यहाँ वहाँ चीज़ें बटोरते
जगह-जगह नज़र आते थे कौव्वे

घर के सामने ही खुली जगह में बनने वाला था कोई मकान
नींव के लिए खोदी जा रही थी ज़मीन
वहीं किनारे से लगा दिया गया था बल्लियों का ऊँचा ढेर
बगल ही डाल लिया था मजूरों ने अपना झोंपड़ा

उसी थोड़ी सी जगह में खेलते रहते थे
मजूरों के बच्चे सुबह शाम!
मँडराता रहता था एक मरघिल्ला सा कुत्ता आसपास

कौव्वा जैसे ही उतरता था मैदान में लेने को
कोई तिनका, रस्सी या लकड़ी का टुकड़ा
भौंकते हुए झपटता था कुत्ता उस पर
चपेट में नहीं आता था कौव्वा
छकाते रहते थे दोनों एक दूसरे को देर तक
कौव्वा उड़ता और बैठ जाता बल्लियों पर जाकर
ताकता रहता ऊपर बैठा-बैठा कौव्वा
कुत्ता भौंकता रहता देर तक मुँह उठाए!

अप्रैल की सुबह थी
करीब आ रहा था कौव्वों के प्रजनन का समय।
सृष्टि पर छा जाने वाले थे
पाहुन की खबर लाने वाले हरकारे।
घोंसला बनाने में जुटे थे कौव्वे
जिसमें सेने थे उन्हें अपने ही नहीं कोयल के भी अंडे!

हाय! कुत्तों से भरी इस धरती पर
कितना मुश्किल एक साधारण सा घोंसला बाँधना!!

कुत्ता झपटता था बार-बार, भौंकता था
पर कौव्वा भी ठाने था हठ
आँख बचा उठा ही लेता था कोई न कोई चीज़
मैदान से चुपचाप!!

*अप्रैल, 1989*

## बच्चे काम पर जा रहे हैं

कोहरे से ढकी सड़क पर बच्चे काम पर जा रहे हैं
सुबह सुबह

बच्चे काम पर जा रहे हैं
हमारे समय की सबसे भयानक पंक्ति है यह
भयानक है इसे विवरण की तरह लिखा जाना
लिखा जाना चाहिए इसे सवाल की तरह

काम पर क्यों जा रहे हैं बच्चे?

क्या अन्तरिक्ष में गिर गई हैं सारी गेंदें
क्या दीमकों ने खा लिया है
सारी रंग-बिरंगी किताबों को
क्या काले पहाड़ के नीचे दब गए हैं सारे खिलौने
क्या किसी भूकंप में ढह गई हैं
सारे मदरसों की इमारतें

क्या सारे मैदान, सारे बगीचे और घरों के आँगन
खत्म हो गए हैं एकाएक

तो फिर बचा ही क्या है इस दुनिया में?
कितना भयानक होता अगर ऐसा होता
भयानक है लेकिन इससे भी ज्यादा यह
कि हैं सारी चीज़ें हस्बमामूल

पर दुनिया की हजारों सड़कों से गुजरते हुए
बच्चे, बहुत छोटे छोटे बच्चे
काम पर जा रहे हैं।

*जनवरी, 1990*

## बच्चों की चित्रकला प्रतियोगिता

उन्होंने बनाए बहुत नीले आसमान
फिर सूरज चाँद और सितारों को
अलग अलग जगह रखा!

पेड़ इतने हरे बनाए उन्होंने
जितना हरा उन्हें होना चाहिए

या जितने हरे रहे होंगे वे
कभी हमारी धरती पर!
फिर पहाड़ों, नदियों और झरनों को
उन्होंने अलग-अलग जगह रखा!

उन्होंने मकान सड़कें और पुल भी बनाए
जिन्हें ईश्वर ने भी नहीं बनाया था कभी
फिर उन्होंने बनाईं बसें स्कूटर और कारें
साइकिल चलाते और पैदल चलते
लोग भी बनाए उन्होंने!

चीज़ों को बनाते चले जाने के उत्साह में
इतना ज्यादा भर गया चित्र
कि गेंद को रखने की कोई जगह ही
नहीं बची चित्र में
तब समझ आया उन्हें
कि बड़ों ने कैसी-कैसी गलतियाँ की हैं
इस दुनिया को बनाने में!

*नवम्बर, 92*

## प्रजापति

चीज़ों का हूबहू दिखना अपनी ही शक़्ल में
कविता में मुझे पसन्द नहीं बिल्कुल

मैं चाहता हूँ मेरा फटा पुराना जूता भी दिखे वहाँ
पूर्णिमा के पूरे चाँद की तरह
एक साबुन की तरह दिखे मेरी आत्मा
छोटी-छोटी विकृतियाँ और अन्तर्विरोध भी दिखें वहाँ
फूली हुई नसों वाले राक्षसों से इतने वीभत्स और दैत्याकार
कि आसानी से की जा सके उनसे घृणा
की जा सके नफ़रत

मुझे पसन्द हैं वे विदूषक जो मंच पर आने से पहले ही
रँग लेते हैं अपना पूरा चेहरा
मैं चाहता हूँ
बेहद थका और ऊबा हुआ फोरमैन भी जब अपने घर में घुसे
तो बदल जाए तत्काल उसका चेहरा
अपनी पाँच बरस की बेटी के पिता की तरह

बदल जाएँ, बदल जाएँ लोगों के चेहरे
जब वे मेरी कविता में आएँ
हीरे की तरह चमकती हुई दिखें लोगों की
बहुत छोटी-छोटी अच्छाइयाँ
कि आत्महत्या करता आदमी पलट कर दौड़ पड़े
जीवन की ओर चिल्लाता हुआ
कुछ नहीं है जीवन से ज्यादा सुन्दर
जीवन से ज्यादा प्यारा
जीवन की तरह अमर

मैं चाहता हूँ
कि कविता के भीतर फैली आसमान की टेबिल पर
मैं जब सूरज के साथ चाय पी रहा होऊँ
एक विशाल समुद्र की तरह दिखे
मेरा कप। *अक्टूबर, 1987*

## मसखरे

काल की सीमाओं के आर पार अनन्त यात्रा करते हुए
ये मसखरे अभी-अभी यहाँ पहुँचे हैं

छिपा लिया है रंगों के भीतर उन्होंने अपने चेहरों को
और जीवन की विकलता को अपने स्वाँग में
चकित कर डालेंगे ये अपनी बातों से
सारे दुनिया जहान को

करते ही क्या हैं मसखरे
रंग और लिबास की आड़ में
एक सच बोल जाते हैं अचानक
जिसका चलन बहुत कम रह गया है हमारे समाज में
बहुत कम

मसखरे ही कस सकते हैं फब्तियाँ इस तरह अन्याय पर
उघाड़ सकते हैं वे ही अन्यायी का चेहरा
इस तरह हँसी हँसी में

अहा! अलक्ष्य न करें ऐसे समय
बीच बैठे श्रेष्ठि जनों के चेहरे
अपनी झेंप छिपाते हुए
देखो वे कैसे मुस्कुराते हैं

दुनिया की सेहत पर नहीं पड़ता लेकिन इससे कोई फर्क, कोई फर्क
बदलती नहीं इससे किसी की आत्मा, बदलता नहीं इससे
कहीं कुछ भी, कुछ भी
सुधि फिर भी इनकी बिसराएँ नहीं,
बिसराएँ नहीं

लम्बी और कठिन यात्राएँ करते हुए
आए हैं ये मसखरे
आए हैं हमें
हमारी हँसने की ताकत का
फिर से स्मरण कराने।

*मार्च, 1988*

## कर्बला

पानी पियो तो याद करो प्यास इमाम हुसैन की!

पानी पियो तो शुक्रिया अदा करो बादलों का
नदियों तालाबों और समुन्दरों का

शुक्रिया अदा करो समुन्दरों का
समुद्रों का पानी पीने के काम न आए तो भी!

पानी पियो तो शुक्रिया अदा करो कुम्हारों का
जिन्होंने बनाए पृथ्वी की तरह गोल मटके
और बहुत सुन्दर सुराहियाँ जिनकी गरदनें
सुन्दर स्त्रियों की तरह पतली और लम्बी हैं!

पानी पियो तो सोचो
काटी तो नहीं तुमने दूसरों की नहरें
किसी की प्यास के रास्ते में तुम यज़ीद तो नहीं?

पानी पियो तो याद करो उस शख़्स को
तपते रास्तों में जिसने दिया
गुड़ और पानी
जिसने रास्तों में बिठाईं ठंडे पानी की सबीलें
उसका शुक्रिया अदा करो!
उसका भी जिसने कम से कम इच्छा की
प्याऊ लगाने की!

पानी पियो तो सोचो
खारा तो नहीं हुआ है तुम्हारी आत्मा का जल
पानी पियो तो सोचो नन्हे अली असग़र के बारे में
सोचो कहीं अन्धे तीर में तो नहीं बदल गई है
तुम्हारी घृणा!

*1992*

## मारे जाएँगे

जो इस पागलपन में शामिल नहीं होंगे
मारे जाएँगे

कटघरे में खड़े कर दिए जाएँगे, जो विरोध में बोलेंगे
जो सच-सच बोलेंगे, मारे जाएँगे
बर्दाश्त नहीं किया जाएगा कि किसी की कमीज हो

'उनकी' कमीज से ज्यादा सफेद
कमीज पर जिनके दाग नहीं होंगे, मारे जाएँगे

धकेल दिए जाएँगे कला की दुनिया से बाहर, जो चारण नहीं
जो गुन नहीं गाएँगे, मारे जाएँगे
धर्म की ध्वजा उठाए जो नहीं जाएँगे जुलूस में
गोलियाँ भून डालेंगी उन्हें, काफ़िर करार दिए जाएँगे

सबसे बड़ा अपराध है इस समय
निहत्थे और निरपराध होना
जो अपराधी नहीं होंगे
मारे जाएँगे।

*सितम्बर, 1988*

## मेरठ 87

जब-जब किसी स्टेशन पर रुकती है रेलगाड़ी
खिड़कियों से झरती हैं आवाज़ें और
कौंधती हैं बत्तियाँ
खिड़की से दूर बैठा बूढ़ा पूछता है
खिड़की के पास बैठे लड़के से
"कौन सा टेशन है भैया?"

खिड़की से बाहर झाँकता है लड़का
पढ़ता है स्टेशन का बोर्ड
कहता है—
मेरठ।

हर स्टेशन पर पूछता है बूढ़ा
"कौन सा टेशन है भैया?"
हर स्टेशन पर बाहर झाँकता है लड़का
पढ़ता है बोर्ड और कहता है
मेरठ।

मेरठ!
मेरठ!
मेरठ!

पीली बत्तियों वाली बोगी में
ठसाठस भरे लोग बुदबुदाते हैं

मेरठ से कब बाहर निकलेगी
यह रेलगाड़ी?

*1987 में मेरठ में साम्प्रदायिक दंगों पर। जून, 1987*

## नाना की साइकिल

मुझसे पहले छोटे मामा ने चलाया था इसे आखरी बार
कितने ही बरस बीत गए मामा को विदेश गए
तब से यह यूँ ही पड़ी थी बेकार!
नाना ने खरीदा था इसे जब वे कालेज गए थे पहली बार
नानी मुझे ज्यादा प्यार नहीं करती थी
लेकिन एक दिन उसने यह साइकिल मुझे दे दी
कि ठीक ठाक कराकर चलाना तू ही इसे!

नाना जब डाक्टर हुए इसी साइकिल से जाते थे अस्पताल
पीढ़ियों में इसी तरह हस्तांतरित होती थीं
चीज़ें आदतें और आवाज़!
माँ कई बार बिलकुल नानी की तरह लगती थी
और पिता बाबा की तरह अचकन पहनकर
मैं साइकिल चलाते हुए नाना की तरह नहीं लगता था
मेरी आवाज़ मेरे पिता से मिलती थी बहुत ज्यादा
और मेरी नाक नानी की तरह थी।

मैं कई महीने अपने वजीफ़े के पैसे लगाता रहा
इस साइकिल में

एक एक कर बदल डाले सारे कलपुर्जे और रंग
अब कोई नहीं कह सकता था इसे देख कर
कि यह वही साइकिल है जिसे कभी नाना चलाते थे
लेकिन आज भी सब कहते थे इसे
नाना की साइकिल!

नाना को मरे कितने बरस बीत गए
मुझमें तो कुछ भी नाना की तरह नहीं
लेकिन जब भी गाँव जाता हूँ हर कोई यही कहता है
डाक्टर साहब का नाती आया है
पुरखों की पहचान से ही पुकारते हैं हम लोगों को!

हमारी आवाज़ में बची रहती है
हमारे पुरखों की गूँज!

*नवम्बर, 92*

## झाड़ू की नीति कथा

झाड़ू बहुत सुबह जाग जाती है
और शुरू कर देती है अपना काम

बुहारते हुए अपनी अटपटी भाषा में
वह लगातार बड़बड़ाती है
'कचरा बुहारने की चीज़ है घबराने की नहीं
कि अब भी बनाई जा सकती हैं जगहें
रहने के लायक।'

*जून, 1990*

## उस औरत का घोड़ा

वह औरत हर आते जाते राहगीर से पूछती थी
क्या तुमने मेरा घोड़ा देखा है वो भूरा है
मेरे घड़े तैयार हैं मुझे बाज़ार जाना है!

आँवले हर्र और बहेड़े के पेड़ों की कतारों से होता हुआ
जब घाटियों में उतर जाता था सूरज़
चाँदनी रात में चमकदार घोड़ों का एक झुंड
अचानक कहीं से प्रकट होता था
और देखते ही देखते घाटियों में गायब हो जाता था!
महुए के जंगलों में लोग घोड़ों को खोजने निकलते थे
और महुआ बीन कर लौट आते थे!

इन घोड़ों के बारे में कई किस्से प्रचलित थे गाँव में
चुहुल करने को लोग औरत से कह देते
अरे अरे अभी उधर देखा था तेरे घोड़े को!
औरत के घड़े तैयार थे और उसे बाज़ार जाना था!

"धरती के घड़े पर ढकने की तरह रखा है पूनम का चाँद
कितनी नदियों का पानी मेरे इस घड़े में
इस घड़े को मैं किसी के हाथ नहीं बेचूँगी!
थका हारा आएगा मेरा लाल इसी घड़े से पिएगा पानी"
यह कोई भूला बिसरा गीत था
जिसे वह औरत होंठों में बुदबुदाती थी!

लोग कहते थे वह कभी मिट्टी के बर्तन बनाती थी
और बेटे की मौत से बौरा गई थी!
घर में उसे बेटे की याद आती थी
इसलिए वह कभी घर नहीं जाती थी
वह इसी तरह अपने खोऐ हुए घोड़े को ढूँढ़ती रहती थी
दिन रात!

उसका घोड़ा जबकि उसी के घर में बँधा था!

*नवम्बर, 92*

## मोटी आया का किस्सा

अन्तरिक्ष में सूख रही हैं तुम्हारी कमीजें और हड़बड़ी में
तुम अपनी चप्पलें चाँद पर भूल आए हो!

यह उस मोटी आया का किस्सा था जो मुझे पालती थी
और जिसके किस्से शैतान की आँत की तरह कहीं भी
खत्म होने का नाम नहीं लेते थे!
वो दिनभर मुझे घर के ओटले पर लिये बैठी रहती
हर दुपहर नियम से उधर एक लँगड़ा फेरीवाला निकलता था
दूर से ही सुनाई पड़ जाती थी उसकी अटपटी आवाज़
आया रोज़ मुझे राजगिरे के लड्डू खिलाती थी!

लड्डू वाले के बारे में मोटी आया का कहना था
कि वह मछली की आँत से पैदा हुआ था और बचपन में
उसकी एक टाँग किसी घड़ियाल ने चाँप ली थी!
उसकी औरत एक दिन किसी और के साथ भाग गई थी
लड्डू बेचने के बहाने
वो उसी को ढूँढ़ता फिरता था सारी गलियों में!

रात गए चाँद पर मैं अपनी चप्पलें ढूँढ़ता था
चाँद के काले धब्बे मेरे पाँवों से बहुत बड़े थे।
मोटी आया की बातों पर मुझे
आधा भरोसा था और आधा सन्देह!
यही अनुपात था जो मुझमें अभी तक चला आता था!
मैं नींद में जब जब अपनी कमीजों के पास पहुँचता था
कमीजें हवा में उड़ जाती थीं!
आसमान पर सुबह शाम जितने रंग दिखते थे
वो सब मेरी ही कमीजों के रंग हैं
यह मोटी आया कहती थी!

मेरी मसें भीगना शुरू हो चुकी थीं
और मोटी आया के बाल सफेद हो रहे थे
किस्से बार-बार मुझे ज़मीन पर फेंक देते थे
उनसे न तो राजगिरे के लड्डू खरीदे जा सकते थे न चाकू!

अब मैं पृथ्वी पर घूम-घूमकर ढूँढ़ता हूँ

अपनी मोटी आया को
और वो लोगों के बीच
एक किस्सा बन चुकी है!

*नवम्बर, 92*

## आठ लफंगे और एक पागल औरत का गीत

यहाँ वृक्ष काटे जा रहे हैं लगातार!

अकाल या महामारी में जिस तरह लोगबाग छोड़कर
चले जाते हैं अपने घर-बार
छायाएँ छोड़कर जा रही हैं अपनी जगह!

आठ लफंगों की टोली जो हर काम करती है साथ-साथ
सिर मुँड़ाकर घूम रही है सारे शहर में!
आठ लफंगों के साथ-साथ घूमती है एक पागल औरत
झील के किनारे खड़े होकर बुदबुदाती है
मछलियों के कान में
मछलियो!
सूखते जा रहे हैं तुम्हारे घर, तुम कहाँ जाओगी?
यह शेयर बाज़ार के दलालों का समय है!
धुएँ को चाहिए आग का घर, मछलियों को पानी
किसी न किसी के आश्रय में ही रह सकती हैं छायाएँ
नदियों का नहीं समुद्रों का नहीं पेड़ पहाड़ों का नहीं
बाज़ारों का है यह समय!

आठ लफंगों की टोली घूमती है
सड़कों और आमसानों की नींद हराम करती!
पागल औरत कभी-कभी लुका लेती है चाँद को अपनी बगल में
आठ लफंगों की टोली गीत गाती घूमती है
आकाशगंगा की सड़क पर!
पागल औरत कभी-कभी अपने कपड़े सुखाने को डाल देती है

सूरज की पीठ पर
आठ लफंगों की टोली अनाज बाँटती है शहर में, उलट कर
रख देती है पानी के घड़े!
छका लेती है जब जी भर कर पागल औरत
चाँद और सूरज को अपनी-अपनी जगह रख आती है!

किसी कोने में बैठ निकालती है वह अपनी पोटली
और लफंगों में बाँटती है रोटियाँ!
न कोई सगा सम्बन्धी, न कोई काम धन्धा न कोई घरबार
बस एक निपट पागल औरत जो जब चाहे डपट दे
जब चाहे कर ले प्यार!

इन लफंगों को तो जनमते ही छोड़ गए थे इनके माँ बाप
मैंने ही, कहती है पागल औरत
काँसे के कटोरे में तेल भर भर मालिश की इनकी
लोई की, बेसन का उबटन लगाया!
चिड़िया के बच्चे होते तो उड़ जाते नापते आकाश
मछली के जाए होते तो निकल गए होते नदियों को ढूँढ़ते
खोजते खँखालते समुद्रों को!

पर ये निकम्मे तो बस मेरे ही साथ घूमते हैं दिन-रात
मेरी पीठ पर बढ़ता जाए कितने ही बच्चों का बोझ
ये नहीं कि दो चार को अपने ही पास रख लें, ले जाएँ
अपने साथ!
चिड़चिड़ाती बड़बड़ाती है पागल औरत
और हँसती रहती है लफंगों की टोली!

आठ लफंगों की टोली किसी भी रास्ता चलते को रोक लेती है
एक के बाद एक पूछती जाती है बेतुके सवाल
तुमने अपने बच्चों का होमवर्क पूरा कराया या नहीं
पतंग लाए, किसी मैदान के कंकर पत्थर साफ़ किए
महीने का राशन ले आए कंट्रोल की दुकान से

माँ की दवा लेने गए थे अस्पताल
पिता के लिए खरीद कर लाए नया स्वेटर
गली में झाड़ू दी, कहीं कोई पेड़ लगाया
मन्दिर में दिया जलाने चले हो
घर का फ्यूज़ बल्ब अभी तक बदला या नहीं?
चिड़ियों के लिए दाना बिखेरा
ढोरों को पानी पिलाया या नहीं?

सवालों को सुन इतनी जोर से हँसती है पागल औरत
कि कभी-कभी उसका सन्तुलन बिगड़ जाता है
गुस्से में आ जाए तो अपने सिर को बहुत जोर से
हिलाती है पागल औरत
लफंगों की टोली तब एक गीत गाती है
और धीरे-धीरे पागल औरत शान्त हो जाती है!

तब पागल औरत
अपनी नदियों के सिरहाने धीरे-धीरे बुदबुदाती है
हत्यारों को ले जाए यम, दलालों को ले जाए पुलिस
बहो मेरी नदियो बहो!
झरो पुरानी पत्तियो झरो मेरी गोद में
उगो नई कोंपलो उगो
लौट आओ प्यारी छायाओ लौट आओ
मेरे इन लफंगों को बैठने की जगह दो सोने की जगह दो!

जब गाती है पागल औरत
लफंगों की टोली उसे दोहराती है!

*3 दिसम्बर, 92*

## दो पंक्तियों के बीच

कविता की दो पंक्तियों के बीच मैं वह जगह हूँ
जो सूनी-सूनी सी दिखती है हमेशा

यहीं कवि की अदृश्य परछाईं घूमती रहती है अक्सर
मैं कवि के ब्रह्मांड की एक गुप्त आकाशगंगा हूँ
शब्द यहाँ आने से अक्सर आँख चुराते हैं
हड़बड़ी में छूट गई कोई सहायक क्रिया या कोई शब्द
कभी कभार उठंगा सा आकर बैठ जाता है किसी किनारे पर
अनुस्वार और कुछ मात्राएँ झाँकती रहती हैं मेरी परिधियों से
शब्दों से छन-छनकर गिरती रहती हैं यहाँ कई ध्वनियाँ
कभी-कभी तो शब्दों के कुछ ऐसे अर्थ भटकते हुए
चले आते हैं यहाँ
बिगड़ैल बच्चों की तरह जो भाग गए थे बहुत पहले
अपना घर छोड़कर

जैसी दिखती हूँ
उतनी अकम्पित उतनी निर्विकार-सी जगह नहीं हूँ
एक चुप हूँ जो आ जाती है बातचीत के बीच अचानक
तैरते रहते हैं जिसमें बातों के छूटे हुए टुकड़े
कई चोर गलियाँ निकलती हैं मेरी गलियों से
जो ले जा सकती हैं
सबसे छिपाकर रखी कवि की एक अज्ञात दुनिया तक
बेहद के इस अरण्य में कुलाँचें मारती रहती हैं
कितनी ही अनजान-सी छवियाँ
शब्दों की ऊँची आड़ के बीच मैं एक खुला आसमान हूँ
कवि के मन्सूबों के उक़ाब जहाँ भरते हैं लम्बी उड़ान
अदृश्य की आड़ के पीछे छिपी हैं यहाँ कुछ ऐसी सुरंगें
जो अपने गुप्त रास्तों से
शब्दों की जन्म-कथा तक ले जाती हैं

यहाँ आने से पहले अपने जूते बाहर उतार कर आना
कि तुम्हारे पैरों की कोई आवाज़ न हो
एक ज़रा सी बाहरी आवाज़ नष्ट कर देगी
मेरे पूरे जादुई तिलिस्म को!

*25.8.99*

## अधूरी कविताएँ

अधूरी कविताएँ देखती रहती हैं एकटक अपनी अन्तिम पंक्ति के बाद
काग़ज़ पर रह गई खाली जगह को

उम्मीद करती हैं अधूरी कविताएँ कि वे कभी न कभी पूरी की जाएँगी
कहीं न कहीं किसी कविता में काम आ जाएँगी उनकी पंक्तियाँ
कई दिनों तक बीच-बीच में खटखटाती हैं वे हमारे दरवाज़े
जैसे याद दिलाती हों कि हम यहीं हैं आसपास!
ईर्ष्या के कारण शायद कई बार वे नई कविताओं को आने से रोकती हैं

कोई नई पंक्ति आने को होती है
कि तेजी से उसे धकियाती हुई आ जाती है कोई बिसरी हुई अधूरी कविता

वे चारागाह में खो गई गाएँ हैं जो रास्ता तलाशती हुई एक दिन
आ जाती हैं वापस और बन्द दरवाज़ों के बाहर रँभाती हैं
वे बेचैन आत्माएँ हैं भटकती हुई हमारे आसपास

हमेशा लेकिन ऐसा नहीं होता
कभी-कभी वे पड़ी रहती हैं बहुत चुपचाप किसी काग़ज़ के कोने में
दिनों, महीनों और कभी-कभी तो जीवन भर
हमारी विस्मृतियों में जाकर वे कहीं छिप जाती हैं
कई बार तो कई कई बार बुलाना पड़ता है उन्हें
और वे फिर भी नहीं आतीं
अपने अधूरे होने का अहसास या अधूरेपन का दर्प
ऐसा ज़िद्दी बना देता है उन्हें
कि वे टस से मस नहीं होतीं अपनी जगह से

वे कुछ कहती नहीं हैं पर लगता है जैसे कहती हों
हम आधे अधूरे ही ठीक हैं
कौन सी कविता है ऐसी जो पूरी की पूरी आई हो धरती पर
जैसे तैसे कुछ जोड़ घटाकर पूरी या पूरी-सी कर ली जाती हैं
अक्सर कविताएँ

यूँ भी दुनिया में सबसे बड़ी तादाद अधूरी कविताओं की है
पूरी कविताओं में भी कहीं न कहीं बचा ही रहता है एक अधूरापन
हर मुकम्मिल कविता को लिखना चाहता है
दूसरा कवि दूसरी तरह
और मज़ा यह है कि ऐसा करके न पहला सन्तुष्ट होता, न दूसरा
हर कवि को हमेशा ही लगता है कि कविता में कहीं कुछ छूट गया है
जो होना था...हो सकता था...।

*20.4.98*

## इत्यादि

कुछ लोगों के नामों का उल्लेख किया गया था जिनके ओहदे थे
बाक़ी सब इत्यादि थे

इत्यादि तादाद में हमेशा ही ज़्यादा होते थे
इत्यादि भाव ताव करके सब्ज़ी खरीदते थे और खाना वाना खाकर
खास लोगों के भाषण सुनने जाते थे
इत्यादि हर गोष्ठी में उपस्थिति बढ़ाते थे
इत्यादि जुलूस में जाते थे तख्तियाँ उठाते थे नारे लगाते थे
इत्यादि लम्बी लाइनों में लगकर मतदान करते थे
उन्हें लगातार ऐसा भ्रम दिया गया था कि वे ही
इस लोकतंत्र में सरकार बनाते हैं
इत्यादि हमेशा ही आन्दोलनों में शामिल होते थे
इसलिए कभी-कभी पुलिस की गोली से मार दिए जाते थे

जब वे पुलिस की गोली से मार दिए जाते थे
तब उनके वो नाम भी हमें बतलाए जाते थे
जो स्कूल में भर्ती करवाते समय रखे गए थे
या जिससे उनमें से कुछ पगार पाते थे
कुछ तो ऐसी दुर्घटना में भी इत्यादि ही रह जाते थे

इत्यादि यूँ तो हर जोखिम से डरते थे
लेकिन कभी-कभी जब वो डरना छोड़ देते थे

तो बाक़ी सब उनसे डरने लगते थे
इत्यादि ही करने को वो सारे काम करते थे
जिनसे देश और दुनिया चलती थी
हालाँकि उन्हें ऐसा लगता था कि वो ये सारे काम
सिर्फ़ अपना परिवार चलाने को करते हैं

इत्यादि हर जगह शामिल थे पर उनके नाम कहीं भी
शामिल नहीं हो पाते थे
इत्यादि बस कुछ सिरफिरे कवियों की कविता में
अक्सर दिख जाते थे। *5.9.99*

## सहायक क्रिया

हमारी भाषा की कुछ बनक ही ऐसी है
कि बिना सहायक क्रिया के उसका काम लगभग नहीं चलता

हमारे व्याकरण में उसकी सात किस्में हैं सात दिनों जैसी
जो बिना कुछ जतलाए क्रिया के अधूरे काम को
पूरा करती रहती हैं चुपचाप
वाक्य में वह अपने आप तलाश लेती है अपनी जगह
उसकी जगह में बहुत ज्यादा हेरफेर सम्भव नहीं
फिर भी कुछ आगे पीछे कर देने को वह अक्सर सह लेती है
कभी-कभी पीछे से उठकर वह आगे आ जाती है
तो पूरे वाक्य को प्रश्नावाचक मुद्रा में बदल देती है
काल को चिह्नित करती सहायक क्रिया अक्सर
शब्दों की पाँत में इस तरह अन्त में आकर बैठती है
जैसे वह एक गरीब पाहुना हो
जो सिकुड़ कर बैठा हो पंगत के आखिरी कोने पर

अक्षरों और मात्राओं के हिसाब से वह एक बहुत छोटी इकाई है
बहुत छोटी है उसकी आवाज़

लेकिन फिर भी सुनाई देती है वह सबसे ज़्यादा
संगीत के लिए एक समय तक उसे बड़ी अड़चन माना जाता रहा
एक समय तो ऐसा भी था हमारी भाषा में
कि गीत और प्रगीत लिखने वाले बड़े-बड़े दिग्गज
हकाल देना चाहते थे उसे भाषा से बाहर
भाषा के कुशल करतबबाज़ों ने बहुतेरी कोशिश की
वाक्य से उसे बाहर रखने की
पर जीवन के व्यापक गद्य में उसकी उपस्थिति बनी रही लगातार
जब जब उसको बाहर रखने की कोशिश होती है
भाषा कुछ डरी डरी सी मरघिल्ली सी लगने लगती है
उसके आने से पूरे पद में एक अजब ठसक सी पैदा हो जाती है

कभी-कभी वक़्ता के मन्तव्यों की व्यंजना भी छिपी रहती है उसमें
शासक अपने आदेशों में वृत्तिक सहायक क्रिया का
इस्तेमाल करते हैं अक्सर
संशय की गुंजाइश कम हो जाती है वाक्य में उसके आ जाने से

वह जितनी चुप सी लगती है उतनी ही ज़िद्दी भी है
वह चाहे तो गड़बड़ा सकती है पूरे वाक्य को
अकेले!!

*27.8.99*

## बीसवीं सदी के अन्तिम दिनों का एक आश्चर्य

बीसवीं सदी के अन्तिम दिनों में एक बूढ़ा आदमी
जिसकी उम्र लगभग अस्सी पार कर चुकी थी
और जिसकी कोई ज़मीन जायदाद नहीं थी
एक महानगर में गया
जहाँ उसके कुछ रिश्तेदार और एक दोस्त रहता था

पहले भी इस महानगर में वह आता जाता रहता था
पहले जब आता था तो बड़े भाई के घर ही रुकता था

तीन बरस पहले पर उसका बड़ा भाई गुज़र गया
उसके बाद पहली बार ही वो आया था इस बार
कुछ सकुचाता सा
वह अपने भतीजे के पास जाकर उसी घर में रुका
जहाँ भाई के रहते आता जाता रहता था
भतीजा और उसकी बीवी वैसा ही खयाल रखते थे उसका
जैसा रखते थे वे पहिले

तीन या चार दिन ही बीते होंगे कि फोन आया
उसकी भांजी का जो इसी शहर में रहती थी
तीन दिन हो गए आपको अपने भतीजे के पास रहते
आप हमारे घर कब आएँगे?
और हाँ, सिर्फ़ मिलने नहीं,
जितने दिन आप रुके हैं उस घर में उतने दिन तो
कम से कम रुकना ही होगा हमारे घर भी
फिर एक दिन उसके चचेरे भाई का अचानक फोन आया
क्या जीवन भर मुझको सौतेला ही समझोगे
भैया थे तो मेरा जोर कभी चला नहीं
लेकिन अब भी ठहरे हो तुम भैया के ही घर में
अगर तुम तत्काल मेरे यहाँ नहीं आए
तो अपहरण कर लूँगा मैं तुम्हारा

फिर एक दिन दोस्त का फोन आया और उसने
जी भरकर गालियाँ दीं बूढ़े को

बीसवीं सदी के अन्तिम दिनों में हो रहा था यह सब
और वह भी एक महानगर में
बूढ़ा अन्दर ही अन्दर भीगता जाता था
बुदबुदाता था...अभी सब कुछ नष्ट नहीं हुआ है...
वो अकेले बैठकर कहीं रोना चाहता था
उसे याद आ रहे थे बचपन के दिन और बचपन का गाँव। *4.12.98*

## ज़हर के बारे में कुछ बेतरतीब पंक्तियाँ

अनेक औषधियों और उपचार की कई नई और पुरानी
पद्धतियों में काम आता है ज़हर

इस जानकारी का एक फ़ायदा तो यह है
कि ज़हर जैसे लफ्ज़ के साथ जो एक सनसनी सी जुड़ी है
उससे निज़ात पाई जा सकती है और
इस जानकारी के मद्देनज़र एक आम राय बनाई जा सकती है ज़हर के पक्ष में
कुछ कुछ उसी तरह जैसे कहा जाता है नई आर्थिक नीति के बारे में
आम राय उसके पक्ष में है

बहरहाल हम फिर मुद्दे पर आएँ और
ज़हर के बारे में कुछ विचार करें
और विषयांतर से थोड़ा बचा जा सके तो बेहतर होगा
फ़िलहाल ज़हर के ख़तरों का ज़िक्र थोड़ी देर को टाल दें
उन लोगों का ज़िक्र भी थोड़ी देर को मुल्तवी रखें
जो ज़िन्दगी से तंग आकर इसका उपयोग कर डालते हैं
और कूच कर जाते हैं दुनिया जहान से
फ़िलहाल उस ज़हर के बारे में बात करने को भी टाला जा सकता है
जो जैसा कि सभी जानते हैं मिलाया जा रहा है
हमारी हवा पानी और रोटी में
यहाँ उस ज़हर के बारे में भी कोई वक्तव्य नहीं दूँगा
जो धीरे-धीरे मार रहा है हमारी आज़ादी को

धीमा ज़हर कई चीज़ों में पाया जाता है
तथ्यात्मक रूप से चाहे ग़लत हो पर कहा तो यहाँ तक जाता है
कि कुछ लोगों की बातों में भी यह मौजूद होता है

(सत्ताएँ इस ज़हर के बारे में बहुत अच्छी तरह जानती हैं
और इसका उपयोग करने में बहुत हुनरमन्द होती हैं)
धीमे ज़हर की यह तासीर होती है
कि वह बहुत धीरे-धीरे खत्म करता है जीवन को

क्या इस तर्क के आधार पर
समय को एक धीमा ज़हर कहा जा सकता है?

ज़हर में भय और सनसनी से भरा
एक अजीब किस्म का अद्‌भुत सा सम्मोहन होता है
कुछ ज़हर ऐसे होते हैं जो जबान पर धरते ही
कर डालते हैं काम तमाम
कुछ मन्थर गति से चलते हैं दबे पाँव
ऐसे ज़हर अक्सर बहुत लुभावने और स्वादिष्ट होते हैं
ये कभी-कभी आदमी की आदत में शामिल हो जाते हैं
और लत बन जाते हैं एक दिन

ज़हर के स्वाद के बारे में लोगों के अनुभव और मत
बहुत अलग-अलग हैं
क्योंकि ज़हर की क़िस्में भी बहुत अलग-अलग हैं
इसलिए ऐसा होना स्वाभाविक भी है
कुछ ज़हर मीठे होते हैं और कुछ बहुत कड़वे
यहाँ तक कि कड़वे को ज़हर कहने का भी चलन है हमारी भाषा में
कुछ ज़हर एक सनसनी की तरह चढ़ते और दौड़ते हैं बदन में

हिंसा की उत्तेजना
साँप और बिच्छू को मात कर सकती है हज़ार बार
बहरहाल ज़हर धीमा हो या तेज
वह अपना काम ज़रूर करता है
एक न एक दिन

इन बेतरतीब वाक्यों में एक वाक्य और जोड़ना चाहता हूँ अन्त में
ज़हर को ज़हर की तरह बिलकुल नहीं दिया जाता
जब दिया जाता है उसे
किसी समाज को
बड़े पैमाने पर!!

*4.2.95*

## पानी की आवाज़

पानी का ही जादू था
कि पानी की आवाज़ भी पारदर्शी और तरल लगती थी

बहकर समुद्र की तरफ़ जाती आवाज़ों में
पहाड़ से उतरकर आने की आवाज़ें भी शामिल थीं
उसके गिरने में उसके उछलने की आवाज़ शामिल थी
उसकी कई आवाज़ों में एक आवाज़
उसके छत से टपकने की भी थी
टपके की जगह पर जब कोई बरतन रख दिया जाता था
तो उसमें छन्न...की एक आवाज़ और जुड़ जाती थी

पानी जहाँ टपकता था
वहाँ पानी का एक फूल खिल जाता था
पानी की आवाज़ में कई आवाज़ें शामिल थीं
माँ की आवाज़ उसमें बार-बार सुनाई देती थी
वह आवाज़ अक्सर हमें घर के भीतर बुलाती थी
एक आवाज़ दोस्तों की थी
और एक आवाज़ थी जो हमारे भीतर से आती थी
जो हमें बाहर ले जाती थी

पानी की आवाज़ से जुड़ी थीं न जाने कितनी स्मृतियाँ
पकौड़ों की स्मृति स्वाद बनकर आती थी जबान पर
हमारे बचपन की काग़ज़ की नावें
कहीं दूर जा चुकी थीं
न जाने कहाँ कहाँ भूल आए थे हम अपनी छतरियाँ
तरबतर हो जाने के कुछ किस्से अभी भी हमें गुदगुदाते थे

रात जब नींद से भारी होने लगती थीं आँखें
कहीं दूर से बुलाती थी हमें पानी की आवाज़
फिर धीरे-धीरे

हमारे सपनों में शामिल हो जाती थी
पानी की आवाज़! *7.9.99*

## उसकी गृहस्थी

थकी हारी लौटी है वो आफिस से अभी
टिफिन बॉक्स को रसोई में रखती है
मुँह पर पानी के छींटे मारती है
बाहर निकल आई लट को वापस खोंसती है
बालों में
आँखों को हौले से दबाती है हथेलियों से
उठती है और रसोईघर की ओर जाने को होती है
मैं कहता हूँ, 'बैठो तुम, आज मैं चाय बनाता हूँ!'
मेरी आवाज़ की नोक मुझी को चुभती है

गैस जलाकर चाय का पानी चढ़ाता हूँ
दूसरे ही पल आवाज़ लगाता हूँ
सुनो शक्कर किस डब्बे में रखी है
और चाय की पत्ती कहाँ है?

साड़ी का पल्लू कमर में खोंसती हुई वो आती है
मुझे हटाते हुए कहती है–'हटो, तुम्हें नहीं मिलेगी कोई चीज़।'
होंठों को तिरछा करती अजीब ढंग से मुस्कुराती है
मुश्किल है उस मुस्कुराहट का ठीक ठीक अर्थ
समझा पाना
जैसे कहती हो यह मेरी सृष्टि है
तुम नहीं जान पाओगे कभी
कि किन बादलों में रखी हैं बारिशें, किनमें रखा है कपास

कोई डब्बा खोलते हुए कहती है :
यह तो मैं हूँ कि अबेर रखा है सब कुछ

वरना तुम तो ढूँढ़ नहीं पाते अपने आपको
जाओ बाहर जाकर टी वी देखो
एक काम पूरा नहीं करोगे और फैला दोगे
मेरी पूरी रसोई! *1.4.99*

## पीठ की खुजली

अभी-अभी लौटा हूँ सारे काम-धाम निपटाकर
रात का खाना खाकर
अभी-अभी कपड़े बदलकर घुसा हूँ
होटल के बिस्तर में
और रह रहकर पीठ में खुजली हो रही है
रह-रहकर आ रही है इस समय
तुम्हारी याद

काम आ सकती थी जनेऊ इस समय
पर उसे तो बहुत पहले ही छोड़ आया
पैतृक घर की खूँटी पर
कोई बैलगाड़ी भी नहीं यहाँ कि जिसके पहिये से
टिककर खुजला लूँ अपनी पीठ
जहाँ तक जा सकता है ले जाता हूँ
खींचकर पीठ पर अपना हाथ
लेकिन यह नामुराद खुजली हर बार
और आगे खिसक जाती है मेरे हाथ की पहुँच से
मेरे हाथ की हद के आगे से शुरू होती है
तुम्हारी हथेली की याद

याद ने भी क्या कारण खोजा है आने के लिए
घर से इतनी दूर इस गुलाबी शहर में! *10.1.99*

## दो नन्हे मोज़े

पुराने कपड़ों के बक्से से सामान निकालते हुए प्रकट हुए अचानक
ऊन के वो दो नन्हे मोज़े

याद आए वो दिन जब दुपहर की गुनगुनी धूप में बैठी
बीच-बीच में देखती हुई अपना पेट
मन ही मन मुस्कुराती पत्नी
बुनती रहती थी इन्हें

यह उन दिनों की बात है जब पैदा होने वाली थी
हमारी पहली बेटी

इतने बरस बाद निकल आए हैं ये मोज़े अचानक
अचानक जैसे याद आ जाती है बचपन की कोई बात
इतने छोटे हैं ये मोज़े कि आश्चर्य में डूबा है मेरी बेटी का चेहरा
कि कभी इतने छोटे भी थे उसके पाँव
बहुत छोटी और साधारण चीज़ों में ही बचा है शायद
इतना अपनापन और इतनी गुदगुदी...

वो दो छोटे-छोटे मोज़े हैं या भूत के पाँव
जो तेरह बरस पहले की दुपहर में ले आए हैं मुझे

कितनी आसानी से पार कर जाती है इतनी लम्बी दूरी
दो छोटे-छोटे मोज़ों में बसी
दो नन्हे पाँवों की गन्ध!

*23.2.94*

## उस प्लम्बर का नाम क्या है

मैं दुनिया के कई तानाशाहों की जीवनियाँ पढ़ चुका हूँ
कई खूँखार हत्यारों के बारे में भी जानता हूँ बहुत कुछ
घोटलों और यौन प्रकरणों में चर्चित हुए

कई उच्च अधिकारियों के बारे में तो बता सकता हूँ
ढेर सारी अन्तरंग बातें

और निहायत ही नाकारा क़िस्म के राजनीतिज्ञों के बारे में
घंटे भर तक बोल सकता हूँ धाराप्रवाह
लेकिन घंटे भर से कोशिश कर रहा हूँ
पर याद नहीं आ रहा है इस वक़्त उस प्लम्बर का नाम
जो कई बार आ चुका है हमारी पाइप लाइन में
अक्सर हो जाने वाली गड़बड़ी को ठीक करने
वो कहाँ रहता है, कहाँ है उसके मिलने का ठीहा
कुछ भी याद नहीं
उसके परिवार के बारे में तो ख़ैर...

हैरत है! मैं बुरे लोगों के बारे में कितना कुछ जानता हूँ
और उनसे भी ज़्यादा बुरों के बारे में, तो कुछ और ज़्यादा
जबकि पाइप लाइन में आई किसी गड़बड़ी को
किसी तानाशाह ने कभी ठीक किया हो
इसका ज़िक्र उसकी जीवनी में नहीं मिलता

ऐसे वक़्त में हमेशा स्त्रियाँ ही मदद कर सकती हैं
यह थोड़ा अजीब ज़रूर लगेगा लेकिन यही सच है
कि स्त्रियाँ ही उन लोगों के बारे में सबसे ज़्यादा जानती हैं
जो आड़े वक़्त में काम आते हैं
जो जीवन की छोटी-छोटी गड़बड़ियों को
दुरुस्त करने का हुनर जानते हैं
पत्नी जानती थी कि चार दिन पहले
जमादारिन के यहाँ बच्चा हुआ है
वो उसके बच्चे के लिए हमारी बेटी के छुटपन के कपड़े
निकाल रही थी उस वक़्त

जब थक हारकर मैंने उसे आवाज़ लगाई
सुनो...उस प्लम्बर का नाम क्या है? *4.5.99*

## प्रतिध्वनि

अब वो तुम्हारे बोले गए वाक्य के सिर्फ़ अन्तिम शब्द
दोहराती है

तुम उसे देख नहीं पाते या देखकर अनदेखा कर जाते हो
लेकिन वो वीरान घाटियों से, उदास स्मृतियों से भरे गुम्बदों से
कन्दराओं से और सूख चुके कुओं से
लगातार दोहराती रहती है
तुम्हारे वाक्य के अन्तिम शब्द

तुम वो ही शब्द बोलते हो अक्सर
जो तुम सुनना चाहते हो बार-बार

कहते हैं एक समय वो बहुत बातूनी थी
कतरनी की तरह चलती थी उसकी ज़बान
बातों के लिए उसे समय कम पड़ जाता था

(मुझे कई बार लगता है
स्त्रियाँ भी अगर पुरुषों की तरह कम बोलतीं
तो कितनी सूनी लगती यह धरती
और बच्चे कितनी देर से सीख पाते बोलना)

वो इतनी ज़्यादा बड़बड़ करती थी
कि नदियाँ उसकी बातों में खोकर बहना भूल जाती थीं
हवाएँ उसकी बातें सुनने को रुक जाती थीं
बादल ग़लत पड़ावों पर अपना डेरा डाल देते थे
पर कहते हैं कि एक दिन हेरा[1] के श्राप ने
उससे उसकी सारी बातें छीन लीं

---

1. हेरा : ग्रीक पुराण के अनुसार हेरा देव सम्राट ज़्यूस की पत्नी थी, जिसने ईको (प्रतिध्वनि) को श्राप दिया था कि वह अपने शब्द नहीं बोल पाएगी और सिर्फ़ दूसरे के बोले गए वाक्य के अन्तिम शब्द ही दोहरा सकेगी। ईको नारसीसस से प्रेम करती थी। श्राप के कारण ही वह अन्तिम समय में नारसीसस की मदद नहीं कर पाई।

इसलिए तो घने जंगलों में अपना रास्ता भूलकर
जब तुम ज़ोर-ज़ोर से पुकारते थे किसी को
वो सिर्फ़ तुम्हारे अन्तिम शब्द दोहरा देती थी
वो जवाब नहीं दे पाई तुम्हारे किसी प्रश्न का

वो एक परछाईं की तरह चलती रही तुम्हारे साथ-साथ
उसने खो दिए अपने सपने और
अपना बातूनीपन
वो जिसे तुम अनदेखा करते रहे लगातार
वो अपनी अनुपस्थिति में भी रही उपस्थित
और दोहराती रही तुम्हारे हर वाक्य के
अन्तिम शब्द!

*10.10.96*

## बड़ी उम्र में कार चलाना सीखने के बारे में

बहुत कठिन काम है बड़ी उम्र में सीखना कार चलाना!

अभ्यास के बाद जब हम लौटते हैं वापस तो शरीर नहीं दिमाग़
इतना थक चुका होता है कि आते ही ढेर हो जाते हैं बिस्तर पर
बिस्तर पर भी लेकिन चैन नहीं, लेटे-लेटे लगता है अचानक
कि हम कार चला रहे हैं
और दौड़ता हुआ एक बच्चा आ जाता है कार के ऐन सामने
हम हार्न बजाना भूल जाते हैं और ज़ोर से चिल्लाते हैं
ब्रेक लगाने के लिए हड़बड़ी में डालते हैं पाँव पर दबाव
और ग़लती से दब जाता है एक्सीलेटर...
एक दुर्घटना! भयानक दुर्घटना एकाएक!!
पसीना पसीना होते घबराकर आँख खोलते हैं हम
बहुत तेज़-तेज़ धड़कता है दिल

बड़ी उम्र में सीखना कार चलाना सचमुच एक कठिन काम है
उम्र बढ़ने लगती है जैसे-जैसे, हम बचाना चाहते हैं जीवन

अपना भी और दूसरों का भी
बड़ी उम्र में डर लगता है दुर्घटनाओं से, दुश्चिन्ताएँ सताती हैं
कम होने लगता है रोमान और अक़्ल ज़्यादा तर्क करने लगती है
कलेजा हलक को आ जाता है तेज़ गति से चलते वाहन में बैठने पर
बचना चाहते हैं हम किसी भी नए काम को सीखने से
किसी भी नए जोखिम से

बड़ी उम्र में ज़िद काम नहीं आती
डींग मारते हैं हम कि हम भी कर सकते हैं वो हर काम
जो कर सकते हैं नई उम्र के लड़के
पर अन्दर ही अन्दर कोई कहता है...नहीं, नहीं कर सकते
हम झेंप छिपाते हुए कहते हैं 'लेकिन अब इस उम्र में
अच्छा नहीं लगता यह सब करना'

आसान नहीं होता सीखना बड़ी उम्र में कार चलाना
भयानक दिवास्वप्न पीछा करते हैं लगातार
हम बार-बार ग़लतियाँ करते हैं, गेयर डालने से डरते हैं
प्रशिक्षक चिल्लाता है बार-बार, कहता है...
'आप इतने बड़े हैं कि आप पर चिल्लाना भी अच्छा नहीं लगता'
वो बार-बार हम पर खीजता है और तरस खाता है

वो बार-बार हमें हमारी उम्र का अहसास कराता है! *21.4.98*

## संयुक्त परिवार

मेरे आने से पहले ही कोई लौट कर चला गया है
घर के ताले में उसकी पर्ची खुसी है

आया होगा न जाने किस काम से वह
न जाने कितनी बातें रही होंगी मुझसे कहने को
चली गई हैं सारी बातें भी लौट कर उसी के साथ
रास्ते में हो सकता है कहीं उसने पानी तक न पिया हो

सोचा होगा शायद उसने कि यहीं मेरे साथ पिएगा चाय
कैसा लगता है इस तरह किसी का घर से लौट जाना

इस तरह कभी कोई नहीं लौटा होगा
बचपन से उस पैतृक घर से
वहाँ बाबा थे, दादी थीं, माँ और पिता थे
लड़ते-झगड़ते भी साथ-साथ रहते थे सारे भाई-बहन
कोई न कोई हर वक़्त बना ही रहता था घर में
पल दो पल को बिठा ही लिया जाता था और हर आने वाले को
पूछ लिया जाता था गुड़ और पानी को
खबर मिल जाती थी बाहर गए आदमी की
ताला देखकर शायद ही कभी कोई लौटा होगा घर से

टूटने के क्रम में टूट चुका है बहुत कुछ, बहुत कुछ
अब इस घर में रहते हैं ईन मीन तीन जन
निकलना हो कहीं तो सब निकलते हैं एक साथ
घर सूना छोड़कर
यह छोटा सा एकल परिवार
कोई एक बाहर चला जाए तो दूसरों को
काटने को दौड़ता है घर

नए चलन ने बहुत सहूलियत बख़्शी है
चोरों को

कम हो रहा है मिलना जुलना
कम हो रही है लोगों की जान पहचान
सुख दुख में भी पहले की तरह इकट्ठे नहीं होते लोग
तार से आ जाती है बधाई और शोक सन्देश

बाबा को जानता था सारा शहर
पिता को भी चार मोहल्ले के लोग जानते थे
मुझे नहीं जानता मेरा पड़ोसी मेरे नाम से
अब सिर्फ़ एलबम में रहते हैं

परिवार के सारे लोग एकसाथ
टूटने की इस प्रक्रिया में क्या क्या टूटा है
कोई नहीं सोचता

कोई ताला देखकर मेरे घर से लौट गया है!

*24.2.93*

## हमारे शहर की गलियाँ : एक

बहुत आँकी बाँकी और चक्करदार थीं हमारे शहर की गलियाँ
कुछ गलियों के रास्ते तो आसमान से होकर निकलते थे

भटकते हुए उन गलियों में हमें कई बार तारे मिल जाते थे
अपनी लालटेनें लिये सिवान से लौटते किसानों की तरह
बिना बात ही वो हमसे बतियाने लगते और कुछ दूर तक
हमें रास्ता दिखाने चले आते
कभी-कभी चाँद भी दिख जाता भटकता हुआ
या बैठा हुआ आसमान की सफील पर
चलन से बाहर हो चुके किसी पुरानी रियासत के सिक्के की तरह
उसका चेहरा कभी ज़र्द होता तो कभी चमकता रहता
खूब घिसकर माँजी गई काँसे की थाली की तरह
वो भी शायद हमारी ही तरह बेरोज़गार था या आवारा
रात में भटकना उसकी आदत में शुमार था

ये वो दिन थे जब हमारे सपनों और हक़ीक़त के बीच
हमेशा झगड़ा मचा रहता था
हम झुकी हुई छतों वाले घरों से आए थे
जिनके दरवाज़े इतने छोटे होते थे कि गरदन उठाते ही
बारसक से सिर फूटता था
सपने देखने की हमें बुरी आदत थी
हम सिनेमा देखकर रोते थे और हक़ीक़त से आँख मिलाने से कतराते थे

भटकते हुए हमारे पाँव जब जवाब दे जाते

तो क़िसी बन्द दुकान के पटिए पर या पुलिया पर बैठ जाते
कोई अपनी जेब टटोल कर बीड़ी का बंडल निकालता
और सबके लिए बीड़ियाँ सुलगाता
तीली की रोशनी में आसपास का सारा मायालोक
एक पल को दरक जाता

आसमान उचक कर बहुत ऊपर चला जाता
और पाँवों के नीचे गलियों के ऊबड़-खाबड़ पत्थर उभरने लगते
पीढ़ियों से इसी शहर में रह रहे यहाँ के बरू-काट बाशिन्दों को भी
खबर नहीं थी कि कितनी आँकी बाँकी और चक्करदार हैं
इस शहर की गलियाँ
कि कई गलियों के रास्ते तो आसमान से होकर निकलते हैं। *2.5.99*

## हमारे शहर की गलियाँ : दो

अगर हम पैदल हों और कहीं पहुँचने की बहुत जल्दी हो
तो गलियाँ कई लम्बे रास्तों को बहुत छोटा बना देती थीं
यूँ उन गलियों का ऐसा जाल था सारे शहर में फैला हुआ
कि बिना सड़कों पर आए भी सारा शहर नापा जा सकता था
उन गलियों में भटकते हुए
उन गलियों से कई गलियाँ तो हमारे सपनों तक जाती थीं

गप्प मारने के लिए अपार फुरसत से भरी जगहें थीं उन गलियों में
दुकानों और घरों से बाहर निकले पटिए थे
जो रात गए जब सूने हो जाते थे
तो उन पर शतरंजें बिछ जाती थीं
रोशनी और अँधेरे के उन चौखानों पर आधी आधी रात तक
खिसकते रहते थे स्याह और सफेद मोहरे
इन्हीं पटियों से निकला था वो हमारे प्रदेश का चैम्पियन रफीक़
कहते हैं वो बाबू खाँ का चेला था
जिन्हें शुतुरघुन्ना मात देने में महारत हासिल थी

गलियों में चाय की कई छोटी-छोटी दुकानें थीं
दुकानों में अन्दर धँसे हुए कमरे थे
जिनमें एक या कभी-कभी दो कैरम रखे होते थे
पीली मद्धिम रोशनी और सिगरेट के धुएँ से भरे इन कमरों में
कैरम के खिलाड़ी रात रात भर जमे रहते
बाहर आसमान के कैरम पर क्वीन के बाद
कवर के लिए बची आखरी सफेद गोट की तरह
रखा होता था चाँद

सड़कों के नाम अक्सर बेगमों और नवाबों के नाम पर थे
जबकि गलियों के नाम जिन लोगों के नाम पर थे
उनका कोई लिखित इतिहास नहीं था
काली धोबन की गली, शेख बत्ती की गली
नाइयों की गली, बाजे वालों की गली
गुलिया दाई की गली...
इस गली के एक किनारे पर जुम्मा पहलवान रहता था
जो हर साल दशहरे का रावण बनाता था
दूसरे किनारे पर खुशीलाल वैद्य का मकान था
जिनका एक लड़का पिछले दिनों इस देश का राष्ट्रपति बन गया था

चाँद जब जामा मस्जिद की गुम्बदों से ऊपर चढ़ने लगता
इन गलियों के रहस्य गहराने लगते

तंगहाली के दिनों में भी गलियों ने कभी
हमें शर्मिन्दा नहीं किया
दंगों के बीच अपने घरों तक पहुँचने के रास्ते दिए उन्होंने हमें
उन्हीं की बनिस्बत शहर कभी बेगाना नहीं लगा हमें ! *5.8.99*

## अहद होटल

मैं तुमको बताऊँ अज़मल कमाल
कि अहद होटल का मर्तबा ही अलग था शहर के दीगर चायघरों से

शहर के नामी दादा लोग हों
सिआसी पार्टियों के छोटे बड़े नेता
या हिन्दी और उर्दू के अदीब
अलग-अलग टेबिलों पर जमे ही रहते थे हमेशा

मैं तुमको बताऊँ अज़मल कमाल
कि इब्राहीम पुरे के उस सँकरी सी गलीनुमा बाज़ार के बीचोबीच
जहाँ चमचमाते जूतों की अब एक आलीशान दुकान है
यहीं कभी हुआ करता था वह अहद होटल
बाज़ार के हड़बड़ाते और चिल्लाते हुए समय से
एकदम अलग था होटल के भीतर पसरे हुए समय का चेहरा
फुरसतिया माने जाने वाले लोगों का यह ऐसा ठीहा था
जहाँ घंटों बैठे रहने और गपियाने पर कोई रोक-टोक नहीं थी
बात यूँ थी अज़मल कमाल
कि शहर के सबसे फक्कड़ शायर जनाब ताज भोपाली
इस होटल के मैनेजर होते थे उन दिनों

मैं तुमको बताऊँ अज़मल कमाल
कि रियासत की पहली बेगम फतह बीबी की कोई औलाद नहीं थी
बड़ी उम्र में इब्राहीम नाम के लड़के को गोद लिया था उन्होंने
उसी के नाम पर रखा गया था इस मोहल्ले का नाम
शुरू-शुरू में मुस्लिम व्यापारियों की ही दुकानें ज़्यादा थीं इस बाज़ार में
फिर विभाजन के बाद जब विस्थापितों का आना शुरू हुआ
तो देखते-देखते बदलने लगा बाज़ार का चेहरा
तुम कभी अतीकुर्रहमान से नहीं मिले अज़मल कमाल
मेरे स्कूल का वो सहपाठी हमेशा एक जुमला बोला करता था
गोद ली औलाद के नाम पर बसे बाज़ार को
हथिया लिया गोद ली औलादों ने

अज़मल कमाल!
दिनों दिन तेज़ हो रही थीं रोशनियाँ
और तेज़ी से बदल रही थी बाज़ार की शक़्ल

सिकुड़ रही थीं बतियाने और गप्पें मारने की जगहें
लगता था आसमान पर बैठा दर्ज़ी
काट काटकर छोटा करता जाता है हमारे दिन का थान
लेकिन तब भी बरक़रार था अहद होटल
और तब भी बड़े कप में मिलती थी वहाँ मुआफ़िक़ चाय
ऊपर तक भरकर

मैं तुमको बताऊँ अज़मल कमाल
कि अहद होटल में जो नीचे का हॉल था उसी में
क़द से बालिश्त भर की ऊँचाई पर एक बालकनी थी
जिसमें बेल्जियम के कामदार शीशे लगे थे
वहाँ मज़हर पठान और उनके चेले चपाटी
जमे रहते थे दिन रात
कभी-कभी नीचे के हॉल में जब कोई टेबिल ख़ाली नहीं होती
तब भी चाय पीने को बालकनी में नहीं जाता था कोई
दरवाज़े के पास ही एक काउंटर था
जिसके पीछे ऊँचे से स्टूल पर बैठे रहते थे ताज साहब
कभी-कभी मुक्तिबोध और परसाई जी आते थे इस शहर में
लोग बताते हैं
कि मथुरा बाबू के साथ यहीं जमती थीं उनकी बैठकें
धीरे-धीरे गुम होते जा रहे हैं उन बातों और क़िस्सों के गवाह
काउंटर छोड़कर बीच-बीच में ताज साहब भी
उन टेबिलों का चक्कर मार दिया करते थे
जहाँ जमे होते उस दौर के लिखने पढ़ने वाले लोग
आफ़ताब कहता था
कि दो मिसरों के बीच कभी-कभी सुनाई देती है
ताज साहब के दबे पाँव आने की आवाज़

मैं तुमको बताऊँ अज़मल कमाल
कि बाज़ार की आँख में एक काँटे की तरह गड़ने लगा था
उन दिनों वह अहद होटल

बड़ी हिक़ारत से कहते थे आसपास के दुकानदार
"बीच बाज़ार में चाँप रखी है इतनी बड़ी जगह
इन फुरसतिया और बेकार के लोगों ने"
उस होटल में दिन भर जमे रहने वालों के बारे में
बहुत अच्छी राय नहीं थी आम लोगों की
लेखक और कम्युनिस्ट पार्टी के लोग ही क्योंकि
वहाँ अक्सर पाए जाते थे
इसलिए कभी-कभी तो वहाँ बैठने वाले लगभग सभी लोगों को
कम्युनिस्ट कह दिया जाता था

उन दिनों शहर कोतवाली में आए नए थानेदार के बारे में
कहा जाता था
कि उसकी आँख में सुअर का बाल है
अहद होटल के सामने खड़े होकर
एक दिन अहद किया था उसने
कि नेस्तनाबूद कर डालूँगा इस होटल को एक दिन

क्या बताऊँ तुमको अज़मल कमाल
थानेदार की क़िस्मत बुलन्द थी या हमारा नसीब खोटा था
पर उन्हीं दिनों एक हादिसा हो ही गया अहद होटल में
यह उस होटल का पहला और कह सकते हो आख़िरी हादिसा था
मज़हर पठान और शफ़ीक़ पठान के बीच हुई
उस छुरेबाजी की वारदात की ख़बर आग की तरह फैली
और अफ़रातफरी मच गई पूरे बाज़ार में
और इस तरह अहद होटल को नेस्तनाबूद करने का अहद
पूरा किया शहर कोतवाली के थानेदार ने

इस तरह एक दिन
व्यापारियों और पुलिस की आँख में
काँटे की तरह गड़ने वाला अहद होटल ख़त्म हुआ
धीरे-धीरे ख़त्म होने लगीं
लेखकों और सोचने समझने वालों के बीच अड्डेबाजियाँ

अहद होटल की धुँधली पड़ती यादों के साथ-साथ
धुँधले पड़ने लगे लोगों के बीच सारे सम्बन्ध
जहाँ कभी अहद होटल था
अब वहाँ चमचमाते जूतों की एक आलीशान दुकान है

अज़मल कमाल!
यही है हमारे समय का एक सबसे पूरा बिम्ब
और एक दिलचस्प प्रहसन भी
कि जो जगह भरी होती थी कभी खूबसूरत शब्दों से
वहाँ अब चमकदार जूते भरे हैं
और उनमें न किसी यात्रा की धूल है
न किसी पाँव के पसीने की गन्ध *8.9.99*

*अज़मल कमाल : पाकिस्तान के एक लेखक मित्र हैं।*

## दृश्य और बिम्ब

एक सिनेमा घर के सामने छूटी हुई जगह में
एक नए मॉडल की चमचमाती कार
एक विकलांग बच्चे को डरा रही है

कार धीरे-धीरे आगे सरक रही है
और डरता, घबराता, गिरता पड़ता
उलटे पाँव दौड़ने की कोशिश कर रहा है
बच्चा

ड्राइवर मुस्कुरा रहा है
और आसपास खड़े तमाशबीन अन्दर ही अन्दर डर रहे हैं
तरस खा रहे हैं
पर हँस रहे हैं

यह एक दृश्य है
जो हमारे समय के बिम्ब में बदल रहा है! *6.11.97*

## जब तक मैं एक अपील लिखता हूँ

जब तक मैं एक अपील लिखता हूँ
आग लग चुकी होती है सारे शहर में
हिज्जे ठीक करता हूँ जब तक अपील के
कर्फ़्यू का ऐलान करती घूमने लगती है गाड़ी
अपील छपने जाती है जब तक प्रेस में
दुकानें जल चुकी होती हैं
मारे जा चुके होते हैं लोग

छपकर जब तक आती है अपील
अपील की ज़रूरत ख़त्म हो चुकी होती है! *दिसम्बर, 92*

## बर्बर सिर्फ़ बर्बर थे

बर्बर सिर्फ़ बर्बर थे
अपनी बर्बरता के लिए उनके पास कोई तर्क नहीं था
बर्बर सिर्फ़ बर्बर थे
उनके पास किसी धर्म की कोई ध्वजा नहीं थी
बर्बर सिर्फ़ बर्बर थे
उनके पास भाषा का कोई छल नहीं था
नहीं थे उनके पास दुख या पश्चात्ताप जैसे शब्द
बर्बर सिर्फ़ बर्बर थे

हम उन्हें कई युग पीछे छोड़ आए! *दिसम्बर, 92*

## ऐसा होता तो नहीं

साँप गुंजलक में बाँधे है चील को
शेर खरगोश की पालकी ढो रहा है
ऐसा होता तो नहीं है पर हो रहा है

बिना दाँतवाले दाँतवालों पर हँस रहे हैं
आँखवाले अन्धों के करिश्मे में फँस रहे हैं
हमारे समय की उलटबाँसी है यह
जो खो रहा है कहता है वो हो रहा है
हो रहा है

ग़लत है सरासर यह सोचना कि जो विजयी है वही श्रेष्ठ है
बर्बरों ने ही अक्सर जीता है सभ्यताओं को
उलटी घूम रही हैं घड़ी की सूइयाँ
सदी का अन्त कुछ पिछली सदियों को ढो रहा है
ऐसा होता तो नहीं है पर हो रहा है

विक्षिप्त विजयोल्लास में ढिंढोरचियों का महादल गा रहा है
हर चीज़ का अन्त करता सदी का अन्त आ रहा है
चूहा चीते से पंजा लड़ा रहा है
ऐसा होता तो नहीं है पर हो रहा है

देश अपनी अस्मिता खो रहा है! *5.7.95*

## सुकवि की मुश्किल

कैसे बर्दाश्त कर पाएगा सुकवि
कि कोई दूसरा कवि लिख डाले
एक अच्छी कविता
सिर धुन डालेगा, बालों को नोंच लेगा
रो पड़ेगा सुकवि
अगर लिखी जाने लगें बहुत सारी
अच्छी कविताएँ
उसके आसपास

अनन्त है! अनादि है! अनश्वर है!
ईर्ष्या

उम्मीद नहीं! अब कोई उम्मीद नहीं इस जीवन में
हाय! निरर्थक गई उसकी सारी साधना
किस उम्मीद से जन्म लिया था उसने
कविता की इस वसुन्धरा पर
पर सब व्यर्थ
यहाँ तो भीड़ लगी है कवियों की

बड़ी मुश्किल से अपने को सँभालेगा सुकवि
जाग्रत करेगा अपनी सरस्वती
ढूँढ़ ढूँढ़ कर खोज निकालेगा सारे छिद्र
ध्वस्त कर डालेगा हर अच्छी कविता को
जो उसने नहीं लिखी

चैन से नहीं बैठेगा वह
पी डालेगा दर्जन भर सिगरेटें और काली चाय

आपने समझ क्या रखा है उसे
बड़ी मुश्किल से किसी कविता को वह कहेगा 'अच्छा'
और अगर भूल से कहीं निकल गई 'वाह'
तो मरोड़ होने लगेगी उसके पेट में

वह टालेगा, समकालीनों पर
नहीं देगा अपनी राय
विदेशी कवियों के बारे में बतियाएगा
हर वक़्त

समझ नहीं पाएगा कोई
सुकवि की मुश्किल।

*मार्च, 1985*

## मैं झुकता हूँ

दरवाज़े से बाहर जाने से पहले
अपने जूतों के तस्मे बाँधने के लिए मैं झुकता हूँ

रोटी का कौर तोड़ने और खाने के लिए
झुकता हूँ अपनी थाली पर
जेब से अचानक गिर गई क़लम या सिक्के को उठाने को
झुकता हूँ
झुकता हूँ लेकिन उस तरह नहीं
जैसे एक चापलूस की आत्मा झुकती है
किसी शक्तिशाली के सामने
जैसे लज्जित या अपमानित होकर झुकती हैं आँखें
झुकता हूँ
जैसे शब्दों को पढ़ने के लिए आँखें झुकती हैं

ताकत और अधीनता की भाषा से बाहर भी होते हैं
शब्दों और क्रियाओं के कई अर्थ

झुकता हूँ
जैसे घुटना हमेशा पेट की तरफ़ ही मुड़ता है
यह कथन सिर्फ़ शरीर के नैसर्गिक गुणों
या अवगुणों को ही व्यक्त नहीं करता

कहावतें अर्थ से ज़्यादा अभिप्राय में निवास करती हैं। *27.2.01*

## दोपहर की कहानियों के मामा

हम उन नटखट बच्चियों के मामा थे
जो अक्सर दोपहर में अपनी नानियों से कहानी सुनने की ज़िद करती थीं

हम हमेशा ही घर लौटने के रास्ते भूल जाते थे
घर के एकदम पास पहुँचकर मुड़ जाते थे
किसी अपरिचित गली में
अकेले होने से हमें डर लगता था
और लोगों के बीच अचानक ही हम अकेले हो जाते थे

अर्जियों के साथ हमारा जो जीवन चरित नत्थी था

उसमें हमारे अनुभवों के लिए कोई जगह नहीं थी
उसमें चाय की दुकानों और सिगरेट की गुमटियों के
हमारे उधार खातों का ज़िक्र नहीं था
उसमें हमारे रतजगों और आवारगी का कोई किस्सा नहीं था

कई पेड़ों, खंडहरों और चट्टानों पर लिख आए थे हम अपने नाम
प्रेमिकाओं को अक्सर हम जीवन से जाते हुए देखते थे
मोची हमारी चप्पलों को देखकर पहले मुस्कुराते थे
फिर नए थेगले लगाने से इनकार कर देते थे

हम अपनी ख़ाली जेबों में डाले रहते थे अपने ख़ाली हाथ
एक ख़ालीपन को दूसरे ख़ालीपन से भरते हुए

हमें लेकिन एक हुनर में महारत हासिल थी
हम बहुत सफाई से अपनी हँसी में अपने आँसू छिपा लेते थे। *21.2.01*

## रात किसी का घर नहीं

रात गए सड़कों पर अक्सर एक न एक आदमी ऐसा ज़रूर मिल जाता है
जो अपने घर का रास्ता भूल गया होता है

कभी-कभी कोई ऐसा भी होता है जो घर का रास्ता तो जानता है
पर अपने घर जाना नहीं चाहता

एक बूढ़ा मुझे अक्सर रास्ते में मिल जाता है
कहता है कि उसके लड़कों ने उसे घर से निकाल दिया है
कि उसने पिछले तीन दिन से कुछ नहीं खाया है
लड़कों के बारे में बताते हुए वह अक्सर रुआँसा हो जाता है
और अपनी फटी हुई कमीज़ को उघाड़कर
मार के निशान दिखाने लगता है
कहता है उसने बचपन में भी अपने बच्चों पर
कभी हाथ नहीं उठाया
लेकिन उसके बच्चे उसे हर दिन पीटते हैं

कहता है कि वह अब कभी लौटकर
अपने घर नहीं जाएगा
लेकिन थोड़ी देर बाद ही उसे लगता है कि उसने यूँ ही
गुस्से में बोल दिया था यह वाक्य
अपमान पर हावी होने लगती एक अनिश्चितता
एक भय अचानक घिरने लगता है मन में
थोड़ी देर बाद वह अपने आप से ही हार जाता है
दूसरे ही पल वह कहता है
कि अब इस उम्र में वह कहाँ जा सकता है
वह चाहता है, मैं उसके लड़कों को जाकर समझाऊँ
कि लड़के उसे वापस घर में आ जाने दें
कि वह चुपचाप एक कोने में पड़ा रहेगा
कि वह बाज़ार के छोटे-मोटे काम भी कर दिया करेगा
बच्चों को स्कूल से लाने ले जाने का काम तो
वह करता ही रहा है कई साल से

वह चुप हो जाता है थककर बैठ जाता है
जैसे ही लगता है कि उसकी बात पूरी हो चुकी है
वह फिर बोल पड़ता है कहता है : मैं बूढ़ा हो गया हूँ
कभी-कभी चिड़चिड़ा जाता हूँ
सारी गलती लड़कों की ही नहीं है
वे मन के इतने बुरे भी नहीं हैं
हालात ही इतने बुरे हैं, उनका भी हाथ तंग रहता है
उनके छोटे-छोटे बच्चे हैं और वो मुझे बहुत प्यार करते हैं
मेरा तो पूरा समय उन्हीं के साथ बीत जाता है
फिर अचानक वह खड़ा हो जाता है कहता है
हो सकता है वे मुझे ढूँढ़ रहे हों
उनमें से कोई न कोई थोड़ी देर में ही मुझे लिवाने आ जाएगा
आप अगर मेरे लड़कों में से किसी को जानते हों
तो उससे कुछ मत कहिएगा
सब ठीक हो जाएगा...

सब ठीक हो जाएगा...
बुदबुदाते हुए वह आगे चल देता है

रात किसी का घर नहीं होती
किसी बेघर के लिए
किसी घर से निकाल दिए गए बूढ़े के लिए
मेरे जैसे आवारा के लिए

रात किसी का घर नहीं होती

उसके अँधेरे में आँसू तो छिप सकते हैं कुछ देर
लेकिन सिर छिपाने की जगह वह नहीं देती

मैं उस बूढ़े से पूछना चाहता हूँ
पर पूछ नहीं पाता
कि जिस तरफ़ वह जा रहा है
क्या उस तरफ़ उसका घर है? *17.5.03*

## एक-से मकानों का नगर

एक-एक कर अपने शहर की गलियों को याद करता हूँ
जैसे एक-एक कर अपनी नसों को टोहता हूँ
कितनी मिट्टी कितना पानी कितनी हवा
मेरे फेफड़ों में जमा है मेरे शहर की
कि बाहर निकलना चाहकर भी बाहर नहीं जा पाता
किसी दूसरे शहर की गलियों में घूमते हुए
उसका चेहरा अपने शहर की गलियों से मिलाता हूँ

कहाँ है कहाँ है वह हवामहल
मेरे बचपन के उस मदरसे का क्या हुआ
उसकी लम्बी दालानें उसके झरोखे उसके आँगन का क्या हुआ
वह विशाल दरवाज़ा जिसमें जेब की तरह एक छोटा दरवाज़ा और था

जिससे कूदकर अन्दर आते या तड़ी मारकर बाहर भागते थे हम
—क्या हुआ?
पिछले पचास-साठ वर्षों में नए वास्तुशिल्पियों ने कैसे ढाँचे
तैयार किए हैं नए मकानों के
कि एकदम एक जैसे होते जाते हैं सारे शहरों के नाक-नक़्श
कितने साल बीते उस कहानीकार को याद किए
जिसने लिखी थी कहानी—एक-से मकानों का नगर
लेकिन न हमारे पास वक़्त था न कहानियों पर भरोसा
कि उसकी बात का मर्म समझ पाते

देखते-देखते सारे शहर एक-से मकानों से भरते जाते हैं
एक जैसी लगती हैं सारी सड़कें सारी गलियाँ सारे चौराहे
एक दिन सारे शहरों के चेहरे एक-से हो जाएँगे
एक दिन एकाएक हम अपने ही घर का नम्बर भूल जाएँगे
अपने ही शहर में अपना ही घर ढूँढ़ते हुए भटकेंगे
और अपना घर नहीं ढूँढ़ पाएँगे
रात गए थक हार कर बैठे होंगे किसी पुलिया पर
और तभी दूर से सीटी मारता एक पुलिसवाला
आकर पूछेगा क्यों बैठे हो यहाँ?
हम कहेंगे हम अपना घर नहीं ढूँढ़ पा रहे हैं
वह हमारी बात पर यकीन नहीं करेगा
वह थाने ले जाने के बारे में धमकाएगा
और कहते-कहते अचानक फफककर रो पड़ेगा
और धम्म से आकर हमारी बगल में बैठ जाएगा
कहेगा कि मैं भी कई रातों से अपना घर ढूँढ़ रहा हूँ। *28.12.04*

## उमस

अगर एक मिनिट भी और देर हुई होती
तो छूट ही जाती उस दिन कामायनी एक्सप्रेस!

इतना भी वक़्त नहीं था कि प्लेटफार्म पर हम
अपनी बोतलों में पानी भर पाते
उमस इतनी ज़्यादा थी कि सबके गले सूख रहे थे
और किसी के पास नहीं था एक घूँट भी पानी
खिड़की से चेहरा सटाए सब हवा के लिए बेचैन थे
गाड़ी ने रफ्तार पकड़ी तो सबने राहत की साँस ली
प्यास लग रही थी और थकान के चलते चाय की तलब भी
फिर सब भदौही के आने का इन्तजार करने लगे

अाषाढ़ के बादल बिना बरसे ही इस बार
उत्तर भारत से फ़रार हो गए थे
मानसून से पहले की फुहारें भी इन इलाकों में नहीं पड़ी थीं
और चौपट हो चुकी थी सोयाबीन की सारी फसल
जिन खेतों के आसपास नाले या नहरें थीं
वहीं बुआई हुई थी और भूले भटके कहीं-कहीं कुछ हरियाली दिख जाती थी
ज़्यादातर खेतों में हल चल चुका था पर बीज नहीं छींटे गए थे

सावन का पहला सोमवार था
भीड़ से अँटी पड़ी थीं काशी विश्वनाथ के मन्दिर की सारी गलियाँ
बहुत लम्बा रास्ता तय करके आना पड़ा था हमें स्टेशन तक
धर्मप्राण काशी ने गड़बड़ा दिया था
हमारे समय का सारा गणित

दौड़ते भागते भी लेकिन पकड़ ही ली थी हमने कामायनी एक्सप्रेस
सीट पर पसरते ही राहत की साँस ली थी सबने
और अब खिड़की के बाहर देखते हुए
भदौही के आने का इन्तज़ार कर रहे थे हम

तभी एक सूखे खेत की मेड़ पर खड़े बहुत सारे अधनंगे बच्चों ने
हमारी ओर देखकर अपने छोटे-छोटे हाथ हिलाए
और जोर से हँसे
जितनी हँसी उनके दाँतों पर थी

उससे कहीं ज़्यादा हँसी
उनकी आँखों में थी

अजीब दृश्य था
कि उस उन्मुक्त दूधिया हँसी के पीछे
दूर तक एक सूखा खेत था
साँवले से कुछ ज़्यादा गहरे थे उन बच्चों के चेहरे
और दूधिया से कुछ ज़्यादा उजली थी
उनकी हँसी

जाने क्या था उस हँसी में न जाने क्या कहता हुआ सा
कि मैं उस पल भूल गया उमस की सारी बेचैनी

लगा एकाएक
उतर गई जैसे सारी थकान! *6..8.02*

## किस्सा उस तालाब का

मैंने मिनरल वाटर की एक बोतल खरीदी और एक अखबार
और प्लेटफार्म पर लगी एक बेंच पर बैठ गया

कोशिश की, बहुत कोशिश की पर उसे जल कह सकने का
पवित्र भाव जागा ही नहीं मन में
और पानी कहता तो गुस्ताखी होती उसकी शान में
पीने से कुछ होंठ गीले हुए कुछ गला तर हुआ
पर आत्मा जरा भी नहीं भीगी

वह फ़क़त पानी नहीं था
कि जिसे पी-पीकर किसी को कोस लेता
उससे मुँह धोना सम्भव था न कुल्ला करना
वह खरीदा हुआ था और महँगा भी
उसका हर घूँट हलक से उतरते हुए
एक सिक्के की तरह बजता था

अखबार में तालाब के लगातार सूखते चले जाने के
कुछ रंगीन चित्र थे
हाय! एक पराए शहर के प्लेटफार्म पर इस दृश्य ने
मुझे कहीं का नहीं छोड़ा
अब किसी के सामने किस मुँह से डींग हाँकता
अपने शहर के तालाब की?
बस इतनी गनीमत थी
कि आदमी तो आदमी जान पहचान का कोई परिन्दा भी
नहीं था आसपास

तालाब के बीच एक जज़ीरा-सा था
जिस पर एक सूफ़ी फ़क़ीर शाह अली शाह का तकिया था
और जहाँ हम अक्सर ही नाव से जाया करते थे
तालाब उस जज़ीरे तक सूख चुका था
और दूर तक पपड़ाई हुई ज़मीन नज़र आ रही थी चित्र में
लोग पैदल चलकर जा रहे थे उस टापू तक
एक मेला-सा लगा था सूखे तालाब में
तले हुए पापड़ और हलुआ बिकता था
नातिया कव्वाली गाई जा रही थी मज़ार के पास
अखबार में तफ़सील से बयान किया गया था सब कुछ

उस सूफ़ी फ़क़ीर के बाबत गजेटियर और इतिहास की किताबों में
बहुत ज़्यादा जानकारियाँ नहीं थीं
एक किस्सा लेकिन शहर के पुराने बाशिंदे अक्सर बयान करते थे :
कि नवाब यार मोहम्मद खाँ की निकाहशुदा बेगम
जिन्हें माँजी मामोला कहा जाता था
रियासत की गरीब रिआया में बहुत लोकप्रिय थीं
उन्होंने इस्लाम नगर में बनवाई थी एक बहुत बड़ी बावड़ी
और आसमान से चाहे आग बरसे पर उसका पानी
कभी सूखता नहीं था

मामोला बाई जिन्हें प्यार से सब माँजी साहब कहते थे
एक बार ऐसी बीमार पड़ीं
कि रियासत के सारे हकीमों और वैद्यों ने
जवाब दे दिया एक दिन
तब हजार मुँह और दस हजार कानों से होती वह बात
सूफ़ी फ़क़ीर अली शाह को पता लगी एक दिन
तो अली शाह ने आसमान की तरफ़ हाथ उठाए और कहा
लाख मर जाएँ पर लाखों को पालनेवाला सदा जीता रहे!
और अपनी उम्र के दस साल माँजी साहब के नाम कर दिए
फिर अली शाह ने अपने लिए कफ़न मँगवाया
और अपने हुजूरे में जाकर कफ़न ओढ़कर सो गया

एक ताँता-सा लगा था उस सूफ़ी फ़क़ीर की मज़ार पर
लोग पानी की दुआएँ माँग रहे थे

मैं अखबार में छपे फोटो को देखता और ख़बर पढ़ता
बीच-बीच में पपड़ा जाते ओठों को मिनरल वाटर से
गीला कर रहा था

मैं दहशत से भरा एक सूखे तालाब में चल रहा था
मेरे जूतों के नीचे चिन्दी चिन्दी होता
कराह रहा था अखबार
मेरे अन्दर कोई पूछ रहा था लगातार
कब, कब वह पानी देखूँगा
जिसे पानी कहने की तसल्ली हो
और जल कहने से मन भीग जाए! *3.9.02*

## हमारे समय के बच्चे

ये बच्चे उतने बच्चे नहीं
कि इनमें कभी-कभी ढूँढ़ सकें हम अपना बचपन

इनकी उम्र तो कभी-कभी इनकी असल उम्र से भी
कुछ ज़्यादा ही लगती है
कभी-कभी तो हमसे भी कुछ ज़्यादा
लेकिन नई चीज़ों के बारे में ये हमसे बहुत ज़्यादा जानते हैं
हम जिन तकनीकी उपकरणों के सामने पहुँचते ही
अचकचा कर ठिठक-से जाते हैं कुछ पल
ये बिना किसी हिचक के शुरू कर देते हैं दबाना उनके बटन
न कोई घबराहट न गलती हो जाने की कोई आशंका
विश्वास से भरे हैं इनके चेहरे

इन्हें गलतियों से बाहर निकलने के सारे रास्ते पता हैं
और जिन रास्तों की इन्हें ख़बर नहीं उन्हें खोज लेंगे ये
तकनीकों का सारा रहस्य ये जानते हैं
इनकी जानकारियाँ हमसे बहुत ज़्यादा हैं

इनकी आँखों में सपनों से ज़्यादा महत्त्वाकांक्षाएँ हैं
सफलता के सारे गुर इनकी निगाह में हैं
इनमें बेचैनी नहीं थोड़ी हड़बड़ी है
और बहुत जल्दी है इन्हें
इन्हें तेज गतियाँ चाहिएँ और बहुत तेज रोशनियाँ
बहुत तेज है इनके संगीत की लय

इनके लिए तारीखबदर हो चुकी हैं हमारी सारी जानकारियाँ
हमारी हिचक और हमारा धीमापन
कभी-कभी अजीब-सी झुँझलाहट से भर देता है इन्हें
तब अचानक ये कहते हैं:
ओह! आप इतना भी नहीं जानते?
जानकारियों के दर्प की एक खनक सुनाई पड़ती है तब
इनकी आवाज़ में

यह समय सूचनाओं का समय है
सूचनाओं में तब्दील हो रहा है ज्ञान

यहाँ तक कि सच भी अब सिर्फ़ एक सूचना है

इनकी दिलचस्पी तेजी से खत्म हो रही है
समाज, राजनीति या साहित्य जैसे विषयों में
हालाँकि ज़रूरत पड़ने पर इन विषयों को भी
खोज लेते हैं ये इंटरनेट पर उपलब्ध खिड़कियों में
उन्हें लगता है उनकी उँगलियों की पोरों से खुल सकती हैं
दुनिया की तमाम खिड़कियाँ

कभी-कभी कुछ और ढूँढ़ते हुए अचानक हाथ लग जाती है
जब राजनीति या साहित्य की कोई अनहोनी जानकारी
तो अपने कमरे से ही आवाज़ लगाते हैं ये हमें
कहते तो नहीं हैं पर कहना उनके अनकहे में
सुनाई पड़ता है अक्सर
लो यह रही तुम्हारी दुनिया
हमारी उँगलियों पर नाचते हैं अब
इस सदी की सारी जानकारियों के जिन्न

इनकी भाषा बदल चुकी है
बदल चुका है इनका पूरा वाक्य विन्यास
अब इनके साथ मिलकर स्वर्ग की मीनार बनाना सम्भव नहीं
ठहरकर सोचना और पीछे मुड़कर देखना
इनकी बनक में नहीं है

इतने आक्रामक आकर्षक और बेआवाज़ हैं इनके जूते
कि किसी स्वप्न के उनके नीचे कुचल जाने की भी
कोई आवाज़ सुनाई नहीं देगी कभी

हमारे समय की इस भयावह फैंटेसी में
किसी अदृश्य दैत्य की उँगली थामे जाते हुए लगते हैं कभी-कभी
हमारे समय के ये बच्चे!

*16.1.2000*

## रैली में स्त्रियाँ

एक व्यस्त सड़क पर वे दो-दो की कतार में चल रही हैं नारे लगाती हुई
सारा यातायात रुका हुआ-सा है
पुलिस के जवान बार-बार उन्हें सड़क के किनारे की ओर धकेलकर
कारों और स्कूटरों के निकलने के लिए जगह बना रहे हैं
वे अपना घर दुआर, चूल्हा चौका और न जाने कितने कामकाज
छोड़कर आई हैं आज
कुछ स्त्रियों की गोद में उनके दूध पीते बच्चे हैं
जो बीच-बीच में कुनमुनाने लगते हैं
कुछ के साथ थोड़े बड़े बच्चे उनकी साड़ी का छोर पकड़कर चल रहे हैं
पैदल चलते बच्चे बीच-बीच में जब थक जाते हैं
तो गोद में उठाने के लिए मचलने लगते हैं
पसीने से भीगे उनके ताम्बई चेहरों को रौंदती थकान के पीछे छिपी
उनकी चिन्ताएँ, दुख और आशंकाएँ बीच-बीच में कौंध जाती हैं

कुछ स्त्रियाँ अपनी छोटी-छोटी बच्चियों को घर पर छोड़कर आई हैं
जिन बच्चियों ने अभी-अभी सीखा है रोटी डालना
एक दुश्चिन्ता मन में हूक की तरह उठती है
और उनकी पनीली आँखों में बार-बार तैर जाती है
कि रोटी सेंकते हाथ न जला लिया हो बेटी ने
कि कहीं बिना बात न पीटा हो बेटी को उनके शराबी पति ने
कि सुबह से ही कहीं कलारी पर न जा बैठा हो उनका आदमी
कितनी ही बातें मथ रही हैं उनके मन को
पर वे चल रही हैं
चल रही हैं रैली में लगातार
नारे लगाती हुई मुट्ठियाँ हवा में उठाती हुई
बगल या पीठ पर से फट चुके अपने पोलकों से बेख़बर

उनका तार कभी-कभी टूट जाता है
कभी-कभी साथ चलते या गोदी में लदे बच्चे की भूख
और थकान का खयाल उन्हें बेचैन कर देता है

रैली जब कहीं रुकती है तो किसी आड़ का सहारा लेकर
भूख से बेहाल बच्चे को वे दूध पिलाने लगती हैं
लेकिन जैसे ही रैली आगे खिसकती है
वे उठती हैं और फिर चलने लगती हैं
नारों के बीच कभी-कभी आपस में बतियाने लगती हैं
अगल-बगल चलती स्त्रियों से

कोई गाने की एक पंक्ति उठाता है
तो वे सुर में सुर मिलाकर गाने लगती हैं
रैली में चलती स्त्रियाँ आसमान की ओर देखकर
समय का अनुमान लगाने की कोशिश करती हैं
कहीं कभी तो कुछ बेहतर होगा उनके भी जीवन में
यही सोचकर घर दुआर छोड़कर इस शहर तक आई हैं ये स्त्रियाँ
थक चुकी हैं बुरी तरह पर थके नहीं हैं उनके हौसले
थकान को परास्त करती उनकी आवाज़
शहर के शोर को बार-बार चीर देती है बीच से

रैली में चलती स्त्री
जैसे ब्रह्मांड में अनथक चलती पृथ्वी को देखना है
बाहर वह जितनी दिख रही है
उससे उसके सपनों और उसके भीतर मची उथल-पुथल का
अनुमान लगाना नामुमकिन है
उसकी आँख में असमय चला आया आँसू
उसकी हार का नहीं
उसके गुस्से का बाँध दरक जाने का संकेत है। *10.8.05*

## चलना

चलना सीख जाने के बाद चलना कितना आसान काम लगता है
जैसे हमेशा से ही हम इसे जानते रहे हों

पहली बार पाँव चलने की स्मृति किसी के पास नहीं होती

माँ नानी या बहनों से सुने किस्सों से ही हम जान पाते हैं
कि कितने दिनों तक हम घुटने ही चलते रहे
कि पहली-पहली बार किसकी उँगली पकड़कर
हमने कितने डगमगाते हुए रखा था एक-एक कदम
चलने की कोशिश में कितनी बार गिरे और रोए थे
दीवार के सहारे खड़ा कर दिया था बगल की मुँहबोली मौसी ने
और अचानक ही हम चलने लगे थे
खुशी से भर गया था घर और औंधे मुँह गिरने से पहले ही
माँ ने लौक लिया था हमें

लकड़ी की तीन पहियों वाली वो गाड़ियाँ
या प्लास्टिक और स्टील पाइप से बने वाकर देखकर भी
कभी याद नहीं आता कि हमने भी कभी उनका उपयोग किया था
पहली बार हमें चलते हुए देखकर कितनी खुश हुई थी माँ
और कितनी चिन्ता से भर गई थी
दिनभर घर में गूँजता रहता था एक ही वाक्य
देखना वो सीढ़ी की तरफ न चला जाए...
देखना कहीं बाहर न निकल जाए सड़क पर...
चलने के बारे में कितनी हिदायतें दी जाती थीं हमेशा
अब कुछ भी याद नहीं
जब कोई बूढ़ी औरत हमारे बचपन का किस्सा छेड़ देती है
जब कोई बताता है कि कितनी मुश्किल से
हमें सिखाया गया पाँव-पाँव चलना
तो कभी विश्वास ही नहीं होता कि धरती कभी
इतनी सख़्त रही होगी हमारे पाँवों के नीचे

एक बच्चे के पाँव चलने के कितने किस्से होते हैं हर एक घर में
कि पहली-पहली बार घर से बाहर सड़क पर चलते हुए
गोदी में उठा लिए जाने को कैसे मचलने लगते थे हम
कि किस तरह उँगली छोड़कर भागने लगते थे सड़क पर
कि एक बार तो साइकिल से टकराते-टकराते बचे थे

कि भागकर अगर न पकड़ लिए जाते
तो बस के नीचे ही आ गए होते
कि चलते हुए हम चलने में ऐसे मगन हो जाते थे
कि अपना सन्तुलन ही नहीं रख पाते थे
हर कहीं टकरा जाते या औंधे मुँह गिर पड़ते
कि हमने कई बार अपने घुटने फोड़े थे

चलना सीख जाने के बाद चलना कितना आसान काम लगता है
कभी याद ही नहीं आता कि किस तरह स्कूल जाते हुए
हर दिन देहरी पार करने से पहले माँ कहती थी
किनारे-किनारे सड़क के एक तरफ़ चलना
अगल-बगल देखकर पार करना सड़क

दुर्घटनाओं की ख़बरें पढ़ते हुए अक्सर सोचता हूँ
कितनी कठिन जगह बनती जा रही है धरती
दिनों दिन एक पैदल चलते आदमी के लिए
पहली बार घर से बाहर जाते समय
मुझे हिदायतें देते हुए जितनी डरी होगी माँ
उससे कहीं ज़्यादा आशंकाओं से भरे हुए हैं हम
अपने बच्चों को सड़क पर चलने का कायदा समझाते हुए

धरती पर पैदल चलता आदमी
अब एक सम्मानजनक दृश्य नहीं रहा! *18.1.05*

## बहन

बचपन में जब बहन अपने ससुराल जाने लगती
तो मैं बाहर जाने वाली सीढ़ियों पर बैठकर बहुत रोता
मैं उसका बक्सा पकड़ कर लूम जाता और मचलने लगता
मुझे समझाना जब बहुत मुश्किल हो जाता
और डाँट का भी मुझ पर कोई असर नहीं होता
तो लालच दिया जाता और मैं अक्सर उसमें फँस जाता

दो पैसे की पीपरमेंट की गोलियों के लालच में
मैं नुक्कड़ की दुकान तक भाग जाता
और इसी बीच बहन चुपके से ताँगे में बैठकर चली जाती

शादी से पहले वो ही मुझे स्कूल के लिए तैयार करती
हर दिन वह अलग-अलग ढंग से मेरे बाल ओंछती
माँ यह काम कभी नहीं कर पाती
वह रहती थी तो मुझे पहाड़े लिखने में मदद करती
कभी-कभी तो वह खुद ही मेरे पहाड़े लिख दिया करती
तेरह के पहाड़े पर आकर मेरी गाड़ी हमेशा अटक जाती
और उसके बाद के तो ज़्यादातर पहाड़े कठिन होते
गणित वाले महेश माटसाब से मुझे बहुत डर लगता था
वो उँगलियों में पेंसिल फँसाकर जब उन्हें दबाते
तो मेरी चीख निकल जाती
मैं बहुत देर तक अपनी उँगलियाँ सहलाता रहता
और बहन के चले जाने पर तब मुझे और ज़्यादा गुस्सा आता
मैं कभी नहीं समझ पाता था कि जब सारे लोग घर में रहते हैं
तो एक बहन ही बार-बार क्यों चली जाती है

मेरे जन्म के बारे में एक किस्सा अक्सर सुनाया जाता
कि जब मैं पैदा हुआ तो चिल्ला-चिल्ला कर
वो ही सारे मुहल्ले को बता आई थी
कि भैया हुआ है...
कि उसी ने मेरे पैदा होने पर थाली बजाई थी
वह रहती थी तो लगता था कि मैं सुरक्षित हूँ
किसी भी बात पर डाँट या मार पड़ने पर वह कहीं-न-कहीं से
प्रकट हो जाती और मुझे पकड़कर ले जाती

शुरू-शुरू में ससुराल जाने से कुछ देर पहले ही
उसका रोना शुरू हो जाता
देहरी पर वह माँ के गले लगकर बहुत जोर से रोती

माँ को समझाने वाली स्त्रियाँ बार-बार यही कहतीं
बेटियों को तो जाना ही होता है कि वे पराया धन हैं
मैं इन वाक्यों के बार-बार हिज्जे करने की कोशिश करता
पर कभी कुछ भी समझ नहीं पाता

न जाने उसके भीतर इतना रोना कहाँ छिपा हुआ था
कि वह कभी भी रो सकती थी
जबकि सब उसको हँसने पर टोकते रहते थे
दिन जैसे-जैसे बीतते गए उसका रोना कम होता गया
पता नहीं कब मैंने अपने बाल अपने आप ओंछना सीख लिया
कब मैं अपने पहाड़े अपने आप लिखने लगा
कब ससुराल बहन का अपना घर हो गया
फिर एक दिन उसकी गोद में उसका बच्चा सोने लगा
फिर वह अपने बच्चों को स्कूल जाने के लिए
तैयार करने लगी
उनका होमवर्क करवाने लगी
पता ही नहीं चला कि कब
मैं उसके बगैर रहना सीख गया

अब एक ही शहर में रहते हुए
मैं उससे फोन पर बात करता हूँ
कभी-कभी बचपन के किस्से निकल आने पर
वह हँसती है और मैं भी
कुछ झेंपता हुआ-सा हँसता हूँ।

*6.1.05*

## बेटी की बिदाई

वे तीनों अलग-अलग शहरों से चौथे दोस्त की बेटी के ब्याह में आए थे
और कई दिनों बाद इस तरह इकट्ठे हुए थे

इस समय जब दोपहर लगभग ढल रही थी

तीनों घर के सामने एक पेड़ की छाँव में
बैठे हुए थे
और चौथे की बेटी की बिदाई हो रही थी

अभी कुछ देर पहले तक वे हँस रहे थे और आपस में बतिया रहे थे
अब चौथे की बेटी लगभग घर के दरवाज़े पर आ पहुँची थी
और रस्म के अनुसार कोई मखाने और पैसे फेंक रहा था
बेटी कभी माँ के और कभी भाई के गले लगकर
रो रही थी
चौथा उसे अपनी एक बाँह के घेरे में लिए था
वह अपने को संयत रखने की भरसक कोशिश कर रहा था
पर उसकी आँख की कौरें बार-बार भीग जाती थीं
वह रूमाल को चश्मे के कोनों के पास लाकर
चुपके से उन्हें पोंछ लेता था
वह घर के सामने बैठे तीनों दोस्तों की ओर
देखने से बच रहा था

तीनों दोस्त एकाएक चुप से हो गए थे
जैसे अचानक उनकी सारी बातें खत्म हो गई हों
इनमें से एक की बेटी का ब्याह दस दिन बाद था
और दूसरे की बेटी का ग्यारह दिन बाद
थोड़ी देर पहले दोनों इसी बात पर अफ़सोस कर रहे थे
कि वे शामिल नहीं हो पाएँगे एक दूसरे की बेटी के ब्याह में
तीसरे की बेटी अभी कॉलेज में पढ़ रही थी

चौथे की बेटी लगभग घर की देहरी तक आ चुकी थी
तीनों दोस्त बीच-बीच में चौथे की तरफ़ देखते थे
चौथा तीनों से अपनी आँख चुरा रहा था
तीनों में जो सबसे ज़्यादा अनुभवी था कह रहा था
कि अभी तो चौथा अपने को बहुत सँभाले हुए है
लेकिन बिदा के बाद इसे सँभालना होगा

तीनों दोस्त चुप थे
और एक दूसरे से अपना रोना छिपा रहे थे
तीनों एक दूसरे से नज़र चुराते हुए किसी न किसी बहाने
चुपचाप पोंछ लेते थे बार-बार भीग जाती
आँखों की कौरों को
चौथे की बेटी की बिदाई में देख रहे थे तीनों
अपनी-अपनी बेटी को बिदा होते

तुमने देखा है कभी
बेटी के जाने के बाद का कोई घर?

जैसे बिना चिड़ियों की सुबह
जैसे बिना तारों का आकाश

बेटियाँ इतनी एक-सा होती हैं
कि एक की बेटी में दिखती है दूसरे को अपनी बेटी की शक़्ल

चौथे की बेटी जब बैठ कर चली गई कार में
तो लगा जैसे ब्रह्मांड में कोई आवाज़ नहीं बची

एकाएक अपनी उम्र लगी हम सबको
अपनी उम्र से कुछ ज़्यादा।

## रफ़ीक़ मास्टर साहब और काग़ज़ के फूल

गणित पढ़ानेवाले रफ़ीक़ मास्टर साहब
दंगाइयों द्वारा मार दिए गए बानवे के दंगों में

लेकिन लोहा बाज़ार की गली के कोने पर पहुँचते ही
अचानक आज भी ठिठक जाते हैं मेरे पाँव
कोई यक़ीन नहीं करता कि घड़ियों की दुकान के बाहर निकले पटिए पर
अक्सर दिखाई देती है मुझे काग़ज़ के रंग-बिरंगे फूलों की एक दुकान
कई बार तो अपनी बदरंग हो चुकी अचकन पहने

सिर झुकाए किसी फूल की पंखुड़ियों को तार पर लपेटते हुए
रफ़ीक़ मास्टर साहब भी
जो बिरजीसिया मिडिल स्कूल में हमें गणित पढ़ाते थे

बारह-तेरह साल की उम्र में पहली-पहली बार ठीक इसी जगह
देखी थी मैंने काग़ज़ के फूलों की वह दुकान
लोहा बाज़ार और उसके बीच वो रंग-बिरंगे काग़ज़ के फूल
एकटक देखता ही रह गया था मैं अकबकाया-सा
रफ़ीक़ मास्टर साहब पर मेरी नज़र थोड़ी देर बाद गई थी
उन्होंने देख लिया था मुझे पर पता नहीं क्यों
वो मुझसे नज़रें बचाने की कोशिश कर रहे थे
पर उन्हें देखते ही लपककर गया था मैं उनके पास
कुछ झेंपते हुए से उन्होंने मेरी नमस्ते का जवाब दिया था उस दिन
फिर उन्होंने काग़ज़ के फूल बनाने की तरकीबों के बारे में
बताना शुरू किया
जैसे गणित पढ़ाते हुए खो से जाते थे वो कठिन सवालों में
वैसे ही डूबने लगा उनका चेहरा काग़ज़ के फूलों में
अपने पास रखी डलिया से उन्होंने एक रंगीन क्रेप पेपर निकाला
उसकी कई तहें बनाईं और अपनी छोटी-सी कैंची से
फूल की पँखुड़ियाँ काटने का गुर सिखाने लगे
अँगूठे और उँगली के बीच दबाकर पंखुड़ियों को खींचा
तो उनमें एक झुकाव-सा पैदा हो गया
फिर...इस तरह...इस तरह...कहते हुए बीच-बीच में
एक तार लेकर उस पर पंखुड़ियों को जमाने और बाँधने लगे
देखते ही देखते उनके हाथों में एक फूल था
हरे काग़ज़ की एक पतली-सी पट्टी काटकर
उन्होंने उसे तार पर लपेट दिया
फिर पत्तियाँ बनाईं और उन्हें जगह-जगह जोड़ दिया
सब कुछ एक आश्चर्य की तरह था मेरे लिए
गणित और काग़ज़ के फूलों के बीच खड़े थे रफ़ीक़ मास्टर साहब

गणित में मैं हमेशा कमजोर रहा
लेकिन मुश्किल से कुछ ही पलों में मैं काग़ज़ के फूल बनाना सीख गया
और मामा की शादी में मैंने काग़ज़ के फूलों से जब सारा घर सजाया
तो नानी ने इस बात को सारे नाते-रिश्ते के लोगों को बताया

लेकिन उस दिन रफ़ीक़ मास्टर साहब का आँखें चुराना और झेंपना
मैं बहुत दिन बाद समझ पाया

मैंने झिझकते हुए एक दिन अपने दोस्तों को बताया
कि लोहा बाज़ार के उस कोने के पास
मुझे अक्सर काग़ज़ के रंग-बिरंगे फूल दिखाई देते हैं
और कभी-कभी तो रफ़ीक़ मास्टर साहब भी
लेकिन जैसे ही मैं उनके पास जाने की कोशिश करता हूँ
वो गायब हो जाते हैं
दोस्तों ने पूछा कौन रफ़ीक़ मास्टर साहब
वो जो बानवे के दंगों में मारे गए?
नहीं! मैंने खीजते हुए कहा
नहीं वो नहीं, वो जो बिरजीसिया मिडिल स्कूल में हमें गणित पढ़ाते थे
और काग़ज़ के बहुत सुन्दर फूल बनाते थे।

22.6.05

## चूहा

न जाने किसने बता दिया था उनको कि उनकी मृत्यु
किताबों में छिपकर बैठी है

किताबों के आविष्कार के बाद से ही चूहे लगातार
हर शब्द को कुतर-कुतर कर अपनी मृत्यु को खोज रहे थे
जबकि उनकी मृत्यु जिन चीज़ों में छिपकर बैठी थी
घात लगाए
चूहे उनसे लगभग बेख़बर थे
वो रोटी के लालच में जाते और पिंजरों में फँस जाते

खटकों की चपेट में आकर कुचल जाती थीं उनकी खोपड़ियाँ
आटा समझकर अक्सर निगल जाते थे वो ज़हर की गोलियाँ
पानी की तलाश में बेसुध भागते थे और अक्सर
आधे रास्ते में ही दम तोड़ देते थे

उनकी बहुत सारी मूर्खताएँ हमसे मिलती जुलती थीं

चिड़ियों से उनकी दोस्ती की एक पुरानी कहानी
अक्सर सुनाई जाती थी
कहा जाता था कि चिड़ियाँ हमारी सुबह की बातें सुनती हैं
और चूहे रातों की

अगर इस कहावत में थोड़ा भी सच होगा
तो वो न जाने हमारी कितनी सिसकियों
और सपनों को जानते होंगे!

## भाषा की आवाज़

बोलते बोलते एकाएक
मुझे अपनी आवाज़ पुराने दासों की तरह लगी

मुझे एकाएक लगा कि यह अधीनों की भाषा है
जिसमें मैं सोच रहा हूँ और बोल रहा हूँ

लेकिन यह कब हुआ और कैसे हुआ?
हमें तो लगता था कि यह हमारी आज़ादी की लड़ाई की भाषा है
स्वतंत्रता और नए नगरों के बनने की प्रक्रिया के बीच
लाखों लोगों ने अपने पुराने डेरों के उजड़ने और नए डेरों के बसने
के साथ-साथ बनाया है हमारी इस भाषा को
कि इसमें उनके आपस में बतियाने और गाने-बजाने की आवाज़ें हैं
कि उनके काम-धंधों की दिक्कतों, उनकी खुशियों और दुख से बनी है यह भाषा
कि रोटी बेटी के सम्बन्धों के साथ बनाए है उसने नए कुटुम्ब

पर शायद हमीं से हुई थी चूक हम ही नहीं देख पाए थे
कि हमारी आज़ादी की लड़ाई की भाषा फैसलों की भाषा नहीं थी
आधी रात के अँधेरे में
फैसले तो उसी शासक की भाषा में लिखे गए थे
जिसके ख़िलाफ़ हम लड़े थे

बाज़ार पहले ही चुरा चुका था हमारी जेब में रखे सिक्कों को
और अब वह सौदा कर रहा था हमारी भाषा का
और हमारे सपनों का

पुराने अनुभव की कमीज़ पहन कर
नए विमर्श की शब्दावली के सामने खड़ा था मैं अकबकाया हुआ
और नए बाज़ार में सौदा-सुलुफ करता एक विदूषक की तरह लग रहा था

महत्वाकांक्षाओं के मायालोक में कहीं नहीं थी हमारी भाषा
कहीं दूर कोने-कुचालों से कभी-कभी सुनाई पड़ती थी
उसकी बहुत धीमी और पराजित आवाज़

बिना लड़े ही हम हार रहे थे अपनी लड़ाई! *1.12.01*

## टॉमस मोर

मैं टॉमस मोर का कटा हुआ सिर हूँ
उन्होंने मुझे लन्दन ब्रिज पर लटका दिया है
कि लोग देखें
और अपना निर्णय अपने आप ले सकें

ईसा के सिर पर रखे काँटों के मुकुट की तरह
मेरे सिर पर रखी हैं एक दूसरे को काटती
तेज रोशनियों की शहतीरें
उन्होंने मुझ पर देशद्रोह का अभियोग लगाया
मुकदमा चलाया कि सारी कार्यवाही न्यायसंगत लगे
फिर मेरे लिए मृत्युदंड की सज़ा को तजबीज किया

मृत्युदंड देकर भी लेकिन उन्हें पूरी तसल्ली न हुई
तो उन्होंने मेरा सिर काट कर
लन्दन ब्रिज पर लटका दिया
इस तरह शक्ति की एक नई संरचना ने आकार लिया

मैं टॉमस मोर का कटा हुआ सिर हूँ
उन्होंने मुझे लन्दन ब्रिज पर लटका दिया है

उन्होंने कहा कि मैं राजसत्ता और धर्म के सम्बन्धों का
विरोध करना बन्द कर दूँ
—मैंने इन्कार कर दिया
वो चाहते थे कि मैं राजा को धर्मसभा का अध्यक्ष मान लूँ
—मैंने इन्कार कर दिया

मैं टॉमस मोर का कटा हुआ सिर हूँ
उन्होंने मुझे लन्दन ब्रिज पर लटका दिया है
कि लोग देखें
और अपना निर्णय अपने आप ले सकें
मेरे हजारों तर्क भी जिस बात को समझाने में
लाचार रहे
क्या उम्मीद करूँ कि मेरा कटा हुआ सिर
कभी उसे समझा पाएगा!

मैं टॉमस मोर का कटा हुआ सिर हूँ
और धर्म और राजसत्ता के बीच बने
पुल पर लटका हूँ।

*6.1.05*

*सर टॉमस मोर 1478–1535: उन्होंने अनेक कृतियों की रचना की जिसमें 'यूटोपिया' प्रमुख है। इसमें तत्कालीन समाज की राजनीतिक और सामाजिक बुराइयों की आलोचना की गई है। कुछ लोगों का मत है कि यह समाजवाद की अप्रत्यक्ष अभिव्यक्ति है। वे एक सच्चे ईसाई थे। उन्होंने राजा को चर्च का धार्मिक नेता मानने से इन्कार किया और इसी कारण उन पर 1534 में देशद्रोह का आरोप लगाया गया। उन्होंने राजा को ईसाई विश्व का धार्मिक अध्यक्ष मानने से इन्कार कर दिया था। सन् 1535 में उन्हें प्राणदंड देने के बाद उनका कटा हुआ सिर लन्दन ब्रिज पर लटका दिया गया कि लोग देखें और अपना निर्णय खुद ले सकें।*

## यह स्वास्थ्य के लिए हानिकारक है

मैं एक सिगरेट जलाता हूँ
तो धमकाती है पैकेट पर छपी चेतावनी
सिगरेट पीना स्वास्थ्य के लिए हानिकारक है
रास्ते में मिलता है दोस्त बिना माँगे सलाह देता है
बहुत एहतियात बरतनी चाहिए चालीस की उम्र के बाद
गीत के स्थायी की तरह दोहराती है बीवी
छोड़ क्यों नहीं देते सिगरेट पीना देखो पैकेट पर भी लिखा है
सिगरेट पीना स्वास्थ्य के लिए हानिकारक है

मैं कहता हूँ बहुत हानिकारक है
व्यक्ति के लिए नहीं पूरे देश के लिए हानिकारक है
दिनोंदिन बढ़ते जाना अमेरिका का दबाव राष्ट्रवाद का नया उफ़ान
वित्त पूँजी का प्रपंच बजरंगियों का उत्पात बहुराष्ट्रीय कम्पनियों का
लगातार फैलता जाल
एक प्रधानमंत्री का इतनी बुरी कविता लिखना
हानिकारक है

एक आदमी बगल में आकर फुसफुसाता है
हानिकारक है शबाना आज़मी का सिर मुँड़ाना
इससे नए-नए विवाद पैदा हो रहे हैं

पानी को वाटर कहने से डूबने लगती है जिनकी संस्कृति की नब्ज़
उन्हें गंगा के साबुन में बदल जाने से कोई एतराज़ नहीं
एक कवि ने कहा था कुछ बरस पहले
कि खतरनाक है सपनों का मर जाना
एक दोस्त पाठ को बदल कर कहता है
खतरनाक है सपनों का बिखर जाना
दूसरा दोस्त एक बार फिर बदलता है पाठ
सबसे खतरनाक है सपनों का बिक जाना

महानुभावो वो कुछ भी बेंच सकते हैं
क्रान्तिकारी गीतों को बना सकते हैं पॉप सांग
बेंच सकते हैं एक साथ वन्दे मातरम् और कोलगेट की मुस्कान
हानिकारक है संविधान की समीक्षा इतिहास परिषद पर मँडराता खतरा
और सबसे हानिकारक है उनका राष्ट्रवाद

मैं फिर एक सिगरेट जलाता हूँ
पैकेट पर छपी चेतावनी को काट कर अलग करता हूँ
और सोचता हूँ
कहाँ चस्पा करूँ इसे
कहाँ कहाँ?

## चाँद की वर्तनी

चाँद लिखने के लिए चा पर चन्द्र बिन्दु लगाता हूँ
चाँद के ऊपर चाँद धर कर इस तरह
चाँद को दो बार लिखता हूँ
चाँद की एवज सिर्फ़ चन्द्र बिन्दु रख दूँ
तो काम नहीं चलता भाषा का
आधा शब्द में और आधा चित्र में
लिखना पड़ता है उसे हर बार
शब्द में लिखकर जिसे अमूर्त करता हूँ
चन्द्र बिन्दु बनाकर उसी का चित्र बनाता हूँ

आसमान के सफ़े पर लिखा चाँद
प्रतिपदा से पूर्णिमा तक
हर दिन अपनी वर्तनी बदल लेता है
चन्द्र बिन्दु बनाकर पूरे पखवाड़े के यात्रा वृत्तांत का
सार संक्षेप बनाता हूँ

जहाँ लिखा होता है चाँद

उसे हमेशा दो बार पढ़ना चाहता हूँ
चाँद
चाँद!

*22.12.04*

## टेलीफ़ोन

नदियों से बातें करना चाहता हूँ इस समय
पर टेलीफ़ोन पर यह मुमकिन नहीं
उन दरख़्तों का भी मेरे पास कोई नम्बर नहीं
जो अक्सर रास्तों में मिल जाते हैं
परिन्दों के पास कोई मोबाइल होगा
इसकी कोई उम्मीद नहीं

जिनसे बतियाने की इच्छा होती है
उनके पास तक ही जाना पड़ता है हर बार
यह टेलीफ़ोन फिर किस मर्ज़ की दवा है
काम आता नहीं छदाम भर
और कमबख़्त बजने लगता है वक़्त-बेवक़्त
उस पर तुर्रा यह कि जैसे ही उठाकर कहिए...हलो !
सामने से आवाज़ आती है
रांग नम्बर!

## कवि का काम

दिखने में जो अक्सर आसान से दिखते हैं
एक कवि को करने होते हैं ऐसे कई पेचीदा काम

मसलन बहुत सारे कठिन कामों में एक कठिन काम है
नदियों की कलकल करती आवाज़ों का अनुवाद करना
पेड़ों के हहराने और हजारों प्रजातियों की चिड़ियों के
चहचहाने का अनुवाद करना

पहाड़ों और पठारों दोनों की ही भाषा दुर्गम होती है
आँसुओं के लिए अपनी भाषा में कभी नहीं मिल पाते
उतने ही पारदर्शी शब्द
बेज़ुबान लोगों के दुख और गुस्से के लिए ढूँढ़ने पड़ते हैं
कवि को सही-सही और उतने ही ताप से भरे शब्द

और चुप के लिए ऐसे शब्द को ढूँढ़ निकालना
कि शब्द में लिखे जाने के बाद भी वह चुप ही लगे
इसके लिए बहुत महीन हुनर की ज़रूरत होती है

और यह सिर्फ़ एक कवि के ही बस का काम है!

*22.2.01*

## अतिरिक्त चीज़ों की माया

बाज़ार से लेने जाता हूँ ज़रूरत की कोई चीज़
तो साथ थमा दी जाती है एक और चीज़ मुफ़्त
उस चीज़ की कोई ज़रूरत नहीं मुझे
पर लेने से इंकार नहीं कर पाता उसे
और बस इसी एक पल में पकड़ लिया जाता हूँ
उस अतिरिक्त के लिए ज़रूरत की चीज़ों के बीच
थोड़ी जगह बनाता हूँ
तो ज़रूरी चीज़ों की जगह थोड़ी सिकुड़ जाती है

अतिरिक्त हमारे मन की कमजोरी को पहचानता है
लालच धीरे-धीरे पाँव पसारता है
एक अतिरिक्त दूसरे अतिरिक्त को बुलाता है
और दूसरा अतिरिक्त तीसरे अतिरिक्त के लिए
जगह बनाता है

एक दिन सारी जगह
अतिरिक्तों से भर जाती है।

*7.2.06*

## बाहर भीतर

पटरियों पर दौड़ रही थी इन्दौर भोपाल इंटरसिटी एक्सप्रेस
वातानुकूलित कुर्सी यान की खिड़की से देख रहा था
मैं बाहर का दृश्य
उलटी दिशा में दौड़ रहे खेत मकान दरख़्त और बिजली के खम्बे
बाहर के दृश्य में जीवन की हलचल थी
अभी-अभी बच्चों के एक झुंड ने किलकारियाँ मारकर
दौड़ लगाई थी रेलगाड़ी के साथ-साथ
सारे दृश्य थे लेकिन मूक फिल्मों की तरह
जीवन को इतना बेआवाज़ देखना
भयभीत कर गया मुझे

डरकर नज़रें हटा लीं मैंने खोल ली एक किताब
बगल की सीट पर बैठा यात्री कान से मोबाइल सटाए
बहुत देर से कुछ बोले जा रहा था लगातार
किताब के पृष्ठों में बसी आवाज़हीन आवाज़ों को
सुनना नामुमकिन था
कानों पर हमला कर रहे थे अटपटे शब्द और आवाज़ें
जिनसे मेरा कोई ताल्लुक नहीं था

मोबाइल! मोबाइल! मोबाइल!
हमारे समय ने पैदा की थी यह सुविधा
जो बेरहमी से रौंदती चली जाती थी दूसरों की निजता
बमुश्किल बन्द हुआ बगल वाले का मोबाइल
तो पीछे की सीट वाले यात्री का मोबाइल बजने लगा
फिर आगे की सीट वाले का और फिर किसी और यात्री का
सारी बोगी धीरे-धीरे बातों से भरती चली गई
सब बोल रहे थे जोर-जोर से

और किसी की बातों का दूसरे से कोई सम्बन्ध नहीं था
एक यात्री अपने कान से मोबाइल सटाए
अपनी सीट से उठकर आगे चला जा रहा था
उसे शायद सुनने में असुविधा हो रही थी

बाहर के दृश्य में जीवन था लेकिन बेआवाज़
और भीतर आवाज़ें ही आवाज़ें थीं पर जीवन नहीं था
शीशे के इस बन्द तिलिस्म से निकल कर बाहर जाना सम्भव नहीं था
और नामुमिन था शामिल होना भीतर के दृश्य में।

*18.9.06*

□□□